LA PIZZA, DU CŒUR À L'ASSIETTE

les recettes les plus savoureuses

Écrit par, Sébastien Bertrand

Pizz'Art édition

Dans ce livre, l'auteur, ex-propriétaire d'une pizzeria, partage ses recettes de pizzas uniques et les histoires qui les accompagnent. Il parle également de son parcours professionnel, de l'arrêt de son activité en raison de problèmes de santé et de la découverte de la passion pour l'écriture de livres de recettes. Conseils et techniques, ces recettes de pizzas vous feront vivre une expérience culinaire inoubliable. Enfin, l'auteur rend hommage à ses proches, amis et clients qui l'ont soutenu tout au long de son parcours professionnel et lance un message d'espoir : "L'échec n'existe que si on abandonne avant de réussir »

Des suggestions de vins sont proposées pour chaque pizza, mais il est important de noter que ce ne sont que des indications.

Sommaire

QUI SUIS-JE ?

Mon nom est Sébastien, au moment où je rédige cet ouvrage, j'ai 38 ans et je suis passionné par la pizza depuis 2008. Tout a commencé lorsque mon frère est venu passer un après-midi chez moi. N'ayant rien dans le frigo pour le repas du soir, nous avons décidé d'aller faire quelques courses et c'est là que j'ai vu une promotion pour une machine à pain qui était très en vogue à l'époque. J'ai décidé de l'acheter et nous l'avons utilisée pour faire nos pizzas pour le repas à venir. J'ai inventé ma propre recette de pâte, refusant de suivre les recettes traditionnelles, et j'ai également créé ma propre recette de sauce tomate, qui ont toutes les deux connu un grand succès au fil des ans grâce à l'affinage continu de mes talents culinaires.

Fabriquer des pizzas est devenu un véritable plaisir pour moi, que je partageais régulièrement avec mes amis qui en étaient tous ravis. C'est alors que j'ai décidé de quitter mon emploi pour devenir Pizzaiolo. J'ai acheté mon premier camion pizza, un vieux J9 aménagé pour la vente de pizzas, qui a vite était remplacé par un Renault master, bien plus récent. J'ai commencé mon activité sur un emplacement situé à Piégros-La-Clastre, un petit village Drômois, le 22 janvier 2010 je me souviens de ce soir la comme si c'était hier, j'étais partagé entre stresse et joie. J'ai dû refuser des clients car je n'avais plus de pâtons, c'était certainement les prémices d'un futur très prometteur. Je n'aurais jamais imaginé à ce moment-là, que cela deviendrait un jour un tel succès.

J'ai continué à développer mon activité en 2012 avec un deuxième camion, puis en 2021 avec un troisième camion. En parallèle durant l'année 2021 j'étais en train de créer ma propre franchise Pizz'a Joker. Mais ma santé me joue des tours depuis un peu plus de 2 ans, mes 3 camions sont en place et fonctionnent parfaitement, mais le Covid s'est lui aussi installé. Puis c'est au tour de la guerre en Ukraine, qui d'après ce qu'on nous dit, fait flamber les prix des matières premières, carburant, etc… tout cela commence à jouer en notre défaveur. Ajoutez à cela le manque de personnel et je suis obligé d'arrêter mes deux camions. Nous voilà fin 2022, et c'est maintenant ma santé qui m'oblige à arrêter mon activité, pour laquelle je m'étais passionné depuis 13 années déjà. Malheureusement, ma santé aura eu raison sur la passion

Pendant mes 13 années de travail en tant que pizzaiolo, j'ai appris énormément sur mon métier. En tant qu'autodidacte, j'ai appris à écouter la pâte, ou plutôt la farine, et à comprendre quand elle avait besoin de plus ou moins d'eau, de repos, de chaleur ou de fraîcheur. J'ai compris qu'elle était vivante, tout comme n'importe quel autre être sur terre et qu'il fallait la manipuler avec soin pour obtenir la saveur et la délicatesse souhaitées. J'ai effectué de nombreux tests pour trouver la recette parfaite et sortir un peu des "codes" traditionnels de la pizza. J'ai toujours voulu faire mieux et ne jamais relâcher la qualité de mon travail, j'ai donc innové, inventé, même si j'ai parfois fait des erreurs, j'ai toujours pris le temps de me remettre en question pour progresser encore plus. J'ai également beaucoup appris sur la vie, sur les valeurs des gens et les exigences de chacun.

J'ai appris que la vie n'était pas faite que de roses, mais que ce sont toutes ces embuches qui ont rythmé mes années qui m'ont forgé, et ont fait de moi ce que je suis devenue. J'ai appris à ne jamais baisser les bras quand les moments étaient les plus durs. Et des moments durs, croyez-moi, il y en a eu : de mon premier camion de pizza pour lequel je me suis fait arnaquer, aux pannes à répétition sur divers matériels, du neuf au plus ancien, des pannes souvent improbables. D'ailleurs, dans ma tête, cette phrase raisonne encore comme une douce mélodie répétitive à laquelle j'ai fini par m'habituer : "*C'est une première, je n'ai jamais vu ça* !" Je me demandais si tous les réparateurs différents avec qui j'ai pu collaborer n'avaient vraiment jamais vu ces genres de problèmes auquel j'étais souvent confronté, ou si c'était une phrase type qu'ils sortaient à tous leurs clients pour ne pas avouer que le matériel était de la camelote.

Je revois encore la tête de mes mécaniciens préférés et "amis" chaque fois qu'ils me voyaient débarquer... *encore* ! "*Qu'est-ce qui se passe cette fois-ci* ?" Je tiens d'ailleurs à remercier Nico, Daniel et Jason qui ont toujours fait tout leur possible pour effectuer les réparations rapidement, afin de ne pas me pénaliser dans mon travail, avec un professionnalisme hors norme.

J'ai aussi travaillé avec des salariés peu scrupuleux, qui n'hésitaient pas à mettre la main dans le tiroir-caisse plus que la main à la pâte, ou encore qui parlaient à mes clients avec un tact commercial aussi délicat qu'un bulldozer dans un magasin de porcelaine. En rétrospective, j'aurais pu épargner du temps et de l'argent en écoutant les conseils de ma femme lors des entretiens d'embauche. Fort heureusement, J'ai eu la chance de travailler avec de superbes collaborateurs qui m'ont aidé à développer Pizz'a Joker.

En retraçant mon parcours professionnel, je ne peux m'empêcher de penser à ce CONfrère qui, au lieu de se remettre en question sur la disparition de sa clientèle, a préféré faire circuler une pétition contre mon petit camion de pizza, stationné au coin de la rue, avec une queue de clientèle aussi longue que la file d'attente au centre des impôts. Heureusement, cette pétition n'a pas eu le succès escompté.

Toutes ces petites galères que je vous ai énumérées ne représentent qu'un dixième de ce que j'ai vécu, elles sont enfouies sous des tonnes de souvenirs inoubliables que j'ai pu vivre. J'ai eu la chance de rencontrer des milliers de personnes, toutes différentes les unes des autres, mais toutes aussi formidables. Certaines plus que d'autres. J'ai appris à toujours trouver le bon côté chez chacune d'entre elles, même chez les plus insupportables, qui heureusement ne représentaient qu'une minorité. Certains clients sont devenus de vrais amis, et j'ai encore des anecdotes et des moments de folie qui me reviennent en tête en écrivant ces lignes. Je me rends compte de la chance que j'ai eue de vivre ces 13 années. Toutes ces personnes que j'ai rencontrées me manquent énormément, mais c'est ainsi que va la vie.

Ces années m'ont appris à quel point la santé est importante, tout autant que sa propre famille. J'ai trop souvent fait passer mon métier avant ces deux priorités, je pensais plus à faire des pizzas qu'à prendre des congés pour profiter de bons moments en famille, à ne pas écouter mon corps quand il essayait de me dire stop. Aujourd'hui, je le paie cher, mais c'est certainement pour voir si j'ai bien compris la leçon. Je peux vous dire qu'elle est encrée dans ma tête comme le nom de ma femme et mes enfants dans mon cœur. Alors si j'ai un conseil à vous donner, apprenez à lever le pied, à vous écouter et surtout à profiter de votre famille et des gens que vous aimez.
Bref, vous l'aurez compris, ce qui ne nous tue pas nous rend plus fort.

Après toutes ces anecdotes qui ont rythmé ma passion pour la pizza, j'ai décidé de partager mes secrets de Pizzaiolo confirmé en écrivant ce livre. Ainsi, tout le monde pourra découvrir les recettes que j'ai gardées secrètes pendant si longtemps. Mon amour pour la cuisine, et la pizza en particulier, ne cessera jamais, même si je suis contraint d'arrêter mon activité professionnelle. J'espère que mon livre vous donnera autant de plaisir à lire et à cuisiner que j'en ai eu à écrire et à partager avec vous.

"La pizza c'est comme l'amour, elle se partage mieux lorsqu'elle est faite avec passion et précision. S. B»

"Mon premier camion de pizza était un vieux modèle qui malheureusement m'a causé beaucoup de problèmes techniques, entraînant des coûts de réparation élevés et des temps d'arrêt non prévus. J'ai dû rapidement le remplacer par ce jolie master que j'ai fait aménager"

Assez parlé de moi, nous allons parler un peu de l'origine de la pizza.

La pizza est originaire d'Italie, plus précisément de la région de Naples. Les premières traces de la pizza remontent au IXème siècle, où elle était considérée comme un plat populaire, principalement consommé par les ouvriers et les pauvres. La pizza originale était simple, avec une pâte fine et un ingrédient principal, généralement de l'huile d'olive, de l'ail et des herbes.

Au cours des siècles suivants, la pizza a évolué pour inclure divers ingrédients tels que les tomates, qui ont été ajoutées à la pizza au XVIIIème siècle. C'est à cette époque que la pizza Margherita est apparue, une pizza à base de tomates, de mozzarella et de basilic, qui est devenue l'une des pizzas les plus populaires en Italie.

La pizza Margherita est considérée comme la pizza originale de Naples, Italie. Elle a été créée en 1889 par Raffaele Esposito, propriétaire de la pizzeria "Pizzeria Brandi". Il a voulu créer une pizza qui représente les couleurs de l'Italie : le vert (basilic), le blanc (mozzarella) et le rouge (tomate). Il l'a nommée en l'honneur de la reine Margherita de Savoie qui visitait Naples à cette époque. La pizza Margherita est devenue populaire non seulement à Naples, mais également dans toute l'Italie et dans le monde entier.

Au cours du XIXème siècle, les immigrants italiens ont commencé à apporter la pizza aux États-Unis, où elle a rapidement gagné en popularité. Les pizzerias ont commencé à ouvrir à New York, et la pizza américaine a évolué pour inclure des ingrédients tels que la viande, les légumes et les fruits de mer.

Au cours du XXème siècle, la pizza est devenue un plat populaire dans le monde entier, avec des pizzerias qui ont ouvert dans de nombreux pays et des styles de pizza différents qui ont émergé, tels que la pizza californienne, la pizza australienne et la pizza japonaise.

La pizza est arrivée en France dans les années 1900, avec l'immigration italienne. Elle a d'abord été considérée comme un plat populaire avant de devenir un plat plus élaboré et plus cher dans les années 1950. Aujourd'hui, la pizza est un plat très populaire en France et il existe de nombreuses variétés de pizzas, allant des classiques italiennes aux pizzas plus originales.
Aujourd'hui, la pizza est l'un des plats les plus populaires dans le monde, avec des millions de pizzerias qui servent des pizzas de toutes les variétés. Il existe des pizzas végétariennes, végétaliennes, à base de pâte de farine de blé, de riz, de quinoa, et même des pizzas à base de pâtes alternatives telles que des légumineuses. Il existe également des pizzas à emporter, à livrer ou même des pizzas en forme de cœur pour les occasions spéciales.

"Une bonne pizza c'est comme un bon ami, elle réunit les gens et les réjouit. S. B"

l'apparition des premiers camions à pizza, ont certainement joué un rôle important dans la popularisation de la pizza en permettant aux vendeurs ambulants de proposer leurs produits dans les rues et les places publiques. Les camions à pizza ont également contribué à l'expansion des ventes de pizza en permettant aux entreprises de se déplacer dans les zones où la demande était forte, comme les festivals, les événements sportifs et les fêtes de quartier. Les camions à pizza ont également permis de proposer des options de vente à emporter, ce qui a augmenté les ventes de pizza en dehors des heures d'ouverture traditionnelles des restaurants. Enfin, les camions à pizza ont également contribué à l'apparition de la pizza comme plat populaire et abordable pour tous les budgets.

Il est difficile de déterminer précisément quand et où le premier camion de pizzas est apparu. Cependant, on peut supposer que l'idée de servir des pizzas depuis un camion remonte à l'époque où les camions ont été utilisés pour la vente ambulante de produits alimentaires, c'est-à-dire dès l'apparition des camions.

Au cours des années 1950 et 1960, des camions équipés de fours à bois ont commencé à apparaître aux États-Unis pour vendre des pizzas, principalement dans les zones rurales ou dans les petites villes où il n'y avait pas de pizzerias. Ces camions étaient généralement équipés d'un four à bois, d'un comptoir de vente et d'un espace de rangement pour les ingrédients.

En France, la vente ambulante de pizza n'a pas connu un grand succès avant les années 1980. Les camions pizza ont commencé à apparaître dans les années 1990, principalement dans les grandes villes comme Paris ou Marseille.

"Le succès n'est pas la destination, c'est le chemin que l'on parcourt pour y arriver. S. B"

Il existe différents types de farines qui peuvent être utilisés pour faire des pizzas, chacune ayant leurs propres propriétés et effets sur la pâte.

La farine de blé tendre est la plus couramment utilisée pour faire des pizzas. Elle est fabriquée à partir de blé dur et est riche en gluten, ce qui lui donne une bonne élasticité et une capacité à retenir l'air, ce qui permet à la pâte de lever et de devenir aérée. La farine de blé tendre est également riche en protéines et en minéraux, ce qui lui confère une bonne qualité nutritionnelle.

La farine de blé dur est également utilisée pour faire des pizzas, elle contient moins de gluten que la farine de blé tendre, elle est plus riche en amidon et en minéraux. Elle donne une pâte plus ferme et plus résistante qui permet de mieux conserver la pizza.

La farine de seigle est également utilisée pour faire des pizzas, elle contient moins de gluten que la farine de blé tendre, elle donne une pâte plus dense et plus rustique qui donne un goût plus prononcé et un peu plus acidulé.

La farine de riz est utilisée pour les pizzas sans gluten, elle ne contient pas de gluten et est riche en amidon, elle donne une pâte plus friable et moins élastique.

Il existe également d'autres types de farines comme la farine de quinoa, la farine de sarrasin, la farine de châtaigne, etc. chacune ayant leurs propres propriétés et effets sur la pâte, il est important de bien comprendre leurs caractéristiques pour choisir la farine qui conviendra le mieux à la recette de pizza que vous souhaitez créer.

Les farines ont différentes forces, qui déterminent leur teneur en gluten et leur capacité à lever. Les farines avec une teneur en gluten élevée sont plus fortes, tandis que les farines avec une teneur en gluten plus faible sont plus faibles.

La farine T55 est une farine à base de blé tendre, elle est utilisée pour la plupart des recettes de pâtes levées, elle a une teneur en gluten de 11% à 12% et est considérée comme une farine de force moyenne. Elle est idéale pour faire des pâtes à pizza, des pains, des brioches et des croissants. Elle est facile à travailler et donne une pâte élastique.

La farine T65 est également une farine à base de blé tendre, elle a une teneur en gluten de 12% à 13% et est considérée comme une farine de force moyenne élevée. Elle est utilisée pour les pâtes à pain, les brioches, les croissants et les pizzas, elle donne un meilleur rendement et une meilleure tenue de la pâte.

La farine T80 est une farine à base de blé tendre, elle est considérée comme une farine forte, elle a une teneur en gluten de 13% à 14%. Elle est utilisée pour les pâtes à pain, les brioches, les croissants et les pizzas. Elle donne un meilleur rendement et une meilleure tenue de la pâte, elle est plus difficile à travailler car elle est plus collante.

Il est important de noter que ces teneurs en gluten sont des moyennes et peuvent varier en fonction des moulins et des marques de farine. Il est donc important de bien se renseigner sur les caractéristiques de la farine avant de l'utiliser.

"La farine c'est le cœur de la pâte, choisissez-la avec soin pour obtenir une pizza digne des dieux. S. B"

Il est aussi possible d'utiliser des mélanges de farines pour obtenir des résultats différents, par exemple en utilisant un mélange de farines T55 et T65 pour une pâte à pizza, vous obtiendrez une pâte élastique et facile à travailler avec une bonne tenue.

Il existe plusieurs façons d'utiliser les différentes farines pour faire des pizzas. Voici quelques exemples :

- Utiliser une farine T55: pour faire une pâte à pizza classique, vous pouvez utiliser une farine T55. Cette farine est idéale pour les pizzas, car elle a une teneur en gluten moyenne, ce qui lui donne une bonne élasticité et une capacité à retenir l'air. Elle est également facile à travailler et donne une pâte élastique.

- Utiliser une farine T65: pour une pâte à pizza plus ferme et plus résistante, vous pouvez utiliser une farine T65. Cette farine a une teneur en gluten plus élevée que la farine T55, ce qui lui donne une meilleure tenue de la pâte. Elle est également plus résistante et permet de mieux conserver la pizza.

- Utiliser un mélange de farines T55 et T65 pour une pâte à pizza élastique et ferme : pour une pâte à pizza élastique et facile à travailler mais qui ait également une bonne tenue, vous pouvez utiliser un mélange de farines T55 et T65. Cela vous permettra de bénéficier des avantages des deux farines, pour obtenir une pâte à pizza équilibrée.

- Utiliser une farine T80: pour une pâte à pizza plus rustique et plus dense, vous pouvez utiliser une farine T80. Cette farine a une teneur en gluten très élevée, elle donne une pâte plus ferme et plus résistante qui permet de mieux conserver la pizza.

"Sélectionnez avec soin votre farine, pour une pâte à pizza exquise. S. B"

La farine 00 est une farine de blé tendre qui est très fine et a une teneur élevée en amidon. C'est la farine la plus utilisée en Italie pour la fabrication de la pâte à pizza. Les caractéristiques de cette farine sont :

- Teneur en gluten : faible, ce qui permet à la pâte de ne pas trop lever et de conserver un fond fin et croquant.
- Teneur en amidon : élevée, ce qui permet à la pâte d'être très souple et élastique.
- Teneur en protéines : faible, ce qui permet à la pâte d'être très tendre.
- Absorbance : élevée, ce qui permet à la pâte d'absorber assez d'eau pour être facile à étaler.
- Pouvoir de levée : faible, ce qui permet à la pâte de ne pas trop lever et de conserver un fond fin et croquant.
- Pâte à pizza obtenue : fine, souple, élastique et facile à étaler.

Il est important de noter que la farine 00 n'est pas disponible partout et il est possible de la remplacer par d'autres types de farine comme T55 ou T65 qui ont des caractéristiques similaires, mais il est important de s'adapter en fonction des ingrédients disponibles et de l'environnement de cuisson.

"La bonne farine, c'est la base d'une pizza divine. S.B "

Après avoir pris connaissance des différentes farines et de leurs caractéristiques, nous allons maintenant passer à la fabrication de la pâte à pizza selon ma propre recette.

La fabrication de la pâte à pizza est un processus qui nécessite une certaine précision et une attention aux détails. Cependant, une fois que vous avez maîtrisé les bases, vous pourrez vous amuser à expérimenter avec différents types de farine et ingrédients pour créer des pâtes à pizza uniques. Dans ce chapitre, nous allons vous montrer comment fabriquer une pâte à pizza selon ma propre recette, utilisant une farine type 00.

Cette recette de pâte à pizza utilisant une farine type 00 est une base solide pour créer des pizzas savoureuses et croustillantes. La farine type 00 est une farine blanche très fine, riche en gluten et adaptée pour les pâtes fines et légères comme celle de la pizza. En utilisant cette farine, vous obtiendrez une pâte à pizza avec une croûte fine et croustillante, qui est élastique et facile à étaler. N'hésitez pas à expérimenter avec différents types de farine pour obtenir des résultats différents.

Il existe de nombreuses techniques à connaître pour obtenir une pâte à pizza parfaite, mais une des règles les plus importantes est la ***règle de 60***. Cette règle vous permet de connaître la température de l'eau que vous allez incorporer à votre farine. Il est important de ne pas dépasser 60 degrés Celsius pour éviter de tuer les ***levures*** et d'altérer la texture de la pâte.

Règle des 60

Pour utiliser cette règle, il faut additionner la température ambiante à celle de la farine et des liquides utilisés. Par exemple, si la température ambiante est de 24 degrés Celsius et que la température de la farine est de 20 degrés Celsius, cela donne 44 degrés Celsius. Ensuite, vous soustrairez 44 de 60, ce qui donne 16. Cela signifie que vos liquides (eau et huile) devront être à une température maximale de 16 degrés Celsius. Pour être sûr d'avoir la bonne température, n'hésitez pas à les mettre au réfrigérateur avant de vous en servir.

.

"La température est la clé d'une pâte réussie, qui mène à une pizza parfaite. S. B»

Les levures

La température à laquelle on dilue la levure est importante car elle affecte la vitesse de fermentation de la levure. Si la température est trop élevée, la levure peut mourir, rendant la pâte incapable de lever. Si la température est trop basse, la levure peut mettre trop de temps à fermenter, ce qui peut entraîner un manque de goût et de texture dans la pâte. Il est donc important de respecter la température recommandée pour la levure utilisée, pour assurer une ***fermentation*** optimale et obtenir une pâte à pizza parfaite. En règle générale une température de **20°**.

Taux D'hydratation

Ensuite, le ***taux d'hydratation (TH)*** de la pâte à pizza est important car cela détermine la texture de la pâte. Un taux d'hydratation élevé signifie qu'il y a plus d'eau dans la pâte, ce qui la rendra plus humide et élastique. Cela peut rendre la pâte plus facile à étaler et donner une croûte plus mince et croustillante. À l'inverse, un taux d'hydratation plus faible rendra la pâte plus sèche et moins élastique, ce qui peut donner une croûte plus épaisse et plus dense. Il est donc important de bien contrôler le taux d'hydratation pour obtenir la texture de pâte souhaitée.
Le taux d'hydratation idéal pour une pâte à pizza varie généralement entre **58** et **68**%, cela dépend des préférences personnelles, de ***la force*** de votre farine et des conditions de cuisson.

Pour calculer la quantité d'eau nécessaire pour obtenir un taux d'hydratation donné, vous devez connaître la quantité totale de farine utilisée dans votre recette. Une fois que vous avez cette information, vous pouvez utiliser la formule suivante : (taux d'hydratation/100) x quantité de farine = quantité d'eau nécessaire. Par exemple, si vous utilisez **1000**g de farine et que vous voulez un taux d'hydratation de **60**%, vous devez utiliser **600**g d'eau. **(60% / 100) X1000 = 600)**

Si à l'inverse vous ne connaissez pas le pourcentage d'hydratation d'une pâte, vous pouvez
calculer son taux d'hydratation de la manière suivante. Il faut connaître le poids de la farine et le poids des liquides utilisés dans la recette. Le taux d'hydratation est exprimé en pourcentage et est calculé en divisant le poids des liquides par le poids de la farine, puis en multipliant le résultat par **100**. Par exemple, si vous utilisez **500**g de farine et **250**g de liquides (eau et huile par exemple), le taux d'hydratation serait de **50% (250/500 x 100).**

La force

Pour connaître la force d'une farine, il est possible de consulter l'étiquette ou de demander conseil au fournisseur. Il est également possible de réaliser un test de la farine en

mélangeant un peu d'eau tiède et en pétrissant la farine pour voir si elle forme une pâte élastique.
Sur certaines étiquettes vous pouvez trouver le (***W***) de la farine.

Le W

Le W d'une farine est un indice de la force de la farine. Il est obtenu en mesurant la capacité de la farine à contenir de l'eau pendant la ***fermentation***. Plus le W est élevé, plus la farine est forte et capable de contenir de l'eau, ce qui permet de produire des pâtes plus élastiques et extensibles. Les farines avec un W élevé sont généralement utilisées pour les pâtes à pain et les pâtes à pizza, tandis que les farines avec un W plus faible sont utilisées pour les pâtes à pâtisseries et les pâtes à gâteaux.

La fermentation

La fermentation est un processus biologique qui se produit lorsque les levures et les bactéries fermentent les glucides présents dans la pâte à pizza, produisant de l'énergie sous forme de chaleur et de gaz (principalement de l'oxygène et du dioxyde de carbone). Ce processus permet à la pâte de lever et de devenir plus élastique, et contribue également à développer les arômes et le goût de la pâte. Il est important de contrôler la fermentation de la pâte pour obtenir une pâte de qualité, en utilisant des températures et des temps de fermentation appropriés.

Il est généralement recommandé de conserver la pâte à pizza à température ambiante (***TA***) (environ **21-24**°C) pour la fermentation. Cela permet d'obtenir une fermentation optimale et de développer les arômes de la pâte. Si la température est trop élevée, la fermentation sera plus rapide mais la pâte peut devenir trop légère et instable, les arômes seront moins développés.

Il est donc important de ralentir la fermentation pour permettre à la pâte de développer ses arômes et sa texture de manière optimale. Pour cela, il est possible de mettre la pâte au frais (***TC*** pour température chambre froide), ce qui ralentira la fermentation, ou de réguler la température de fermentation pour la maintenir à une température idéale
Si la température est trop basse, la fermentation sera plus lente et la pâte risque de ne pas lever suffisamment. Si vous souhaitez ralentir la fermentation, vous pouvez la conserver au réfrigérateur. Il est important de surveiller la fermentation de la pâte pour éviter qu'elle ne soit trop fermentée ou pas assez fermentée.

"Une pâte à pizza, c'est comme une symphonie, chaque ingrédient doit être à sa place, à la bonne température, pour obtenir un chef-d'œuvre culinaire."

"En suivant cette règle de 60 et en respectant les bonnes températures, vous avez maintenant de très bonnes bases pour obtenir une pâte parfaite et bientôt d'excellentes pizzas"

"RECETTE DE LA PÂTE À PIZZA"

Ingrédients :

- **1000**g de farine type 00
- **10**g de sel
- **4**g de levure fraîche ou **2**g de levure de boulanger sèche
- **500**ml d'eau
- **150**ml d'huile d'Olive
- **10** g de thym (*facultatif, mais cela parfume votre pâte*)
- **Coût de fabrication**

Préparation :

1. Dans un bol, mélangez la levure à votre eau laissez reposer **2**min.
2. Dans un saladier ajoutez votre farine et versez-y votre mélange d'eau et de levure.
3. Pétrissez juste de quoi incorporer votre eau a la farine et ajoutez-y l'huile, le sel est le thym *(facultatif)*
4. Pétrissez la pâte pendant environ **10** minutes, jusqu'à ce qu'elle soit lisse et élastique.
5. Couvrez le bol avec un torchon propre et laissez la pâte lever dans un endroit chaud pendant environ **2** heures, où jusqu'à ce qu'elle ait doublé de volume.
6. Divisez la pâte en boules de la taille désirée pour vos pizzas. "*En général 260g*"
7. Laissez reposer les boules de pâte couverte de Cellophane pendant environ **24** Heures au réfrigérateur.
8. Sortez-les à température ambiante **4**h avant de les étaler et de les garnir.

IMPORTANT, la température de la pâte à pizza ne doit pas dépasser les 24°
Si vous pétrissez avec un robot de cuisine la pâte chauffera plus que si vous pétrissez a la main, surveillez bien la température de votre pâte.

Ajouter un peu d'huile d'olive à la pâte permet de la rendre plus souple et lui donner plus de saveur.

"La préparation d'une pizza ne se limite pas à la pâte, mais également à la sauce tomate et aux ingrédients utilisés. Une sauce tomate de qualité est essentielle pour obtenir une pizza savoureuse et équilibrée. Il est important de choisir des tomates fraîches et mûres pour obtenir une sauce savoureuse et juteuse. Vous pouvez également utiliser des tomates en conserve de qualité supérieure si vous n'avez pas accès à des tomates fraîches."

La sauce tomate est un ingrédient crucial pour une pizza réussie. Elle donne la base de saveur pour tous les autres ingrédients de la pizza. Il existe de nombreuses recettes de sauce tomate, mais elles se basent toutes sur des tomates fraîches, de l'huile d'olive, de l'ail et des herbes fraîches. Les tomates fraîches sont préférables car elles ont plus de saveur et de texture que les tomates en conserve. L'huile d'olive donne un goût riche et fruité à la sauce, tandis que l'ail ajoute de l'arôme et de l'épice. Les herbes fraîches, comme le thym, l'origan et le basilic, ajoutent de la fraîcheur et de l'arôme. Il est important de ne pas surcharger la sauce tomate sur la pizza pour éviter de rendre la pâte humide et difficile à cuire. En utilisant des ingrédients frais et de qualité, vous pouvez obtenir une sauce tomate savoureuse et équilibrée pour votre pizza.

"La sauce tomate c'est le cœur de la pizza, prends soin d'elle comme tu prendrais soin de ton propre cœur. S. B "

"RECETTE DE LA SAUCE TOMATE »

Ingrédients :

- **1** kg de tomates fraîches,
- **1** oignon haché
- **2** cuillères à soupe d'huile d'olive
- Sel et poivre, au goût
- **1** cuillère à soupe de thym
- **1** cuillère à soupe d'origan
- **1** cuillère à soupe de basilic
- **1** cuillère à soupe de sucre
- **2** gousses d'ail, écrasées
- **1** cuillère à soupe de persil
- **Coût de fabrication**

Préparation :

1. Dans une casserole, faire fondre l'oignon dans l'huile d'olive à feu moyen-doux jusqu'à ce qu'il soit tendre.
2. Ajouter les tomates coupées en dés, avec une pincé de sel et de poivre. Laisser mijoter à feu doux pendant environ **20** minutes, jusqu'à ce que les tomates s'écrasent.
3. Ajouter le thym, l'origan, le basilic, le sucre, l'ail et le persil. Mélanger.
4. Utiliser un mixeur pour réduire la sauce en purée.
5. Goûter et ajuster les assaisonnements selon le goût.
6. Utiliser immédiatement ou conserver dans un contenant hermétique au réfrigérateur jusqu'à une semaine.

Le sucre dans la sauce tomate permet d'enlever l'acidité de la tomate, certaine personne le remplace par des carottes et même parfois par des carreaux de chocolat.

"Cette recette de sauce tomate est simple à préparer et permet d'obtenir une sauce savoureuse et juteuse qui accompagnera parfaitement votre pizza. Vous pouvez également expérimenter en utilisant d'autres herbes et épices pour varier les saveurs."

Il est important de choisir des ingrédients de qualité pour garnir votre pizza. Les ingrédients doivent être frais et de bonne qualité pour obtenir des saveurs riches et intenses. Les ingrédients tels que la mozzarella, les champignons, les oignons, les poivrons et les charcuteries doivent être choisis avec soin pour obtenir une pizza savoureuse.

Il est également important de respecter les proportions pour obtenir une pizza équilibrée. Il est conseillé de ne pas trop charger la pizza pour éviter de l'alourdir et de masquer les saveurs. Il est également important de ne pas mettre trop de sauce tomate pour ne pas rendre la pâte humide.

En utilisant des ingrédients frais et de qualité, une bonne sauce tomate, et en respectant les proportions, vous pouvez obtenir une pizza savoureuse et équilibrée. N'hésitez pas à expérimenter avec différents ingrédients et sauces pour créer des pizzas uniques et surprenantes.

"Les légumes frais et de saison, sont les secrets d'une cuisine saine et savoureuse. S.B"

"En résumé, pour réaliser une pizza parfaite, il est important de respecter quelques règles clés : utiliser de la farine de qualité, comme la farine type 00, respecter la règle des 60 pour obtenir une pâte parfaite, laisser reposer la pâte pour qu'elle double de volume, utiliser des ingrédients frais et de qualité, préchauffer le four à haute température et surveiller la cuisson pour éviter qu'elle ne brûle. Il est également important de ne pas trop charger la pizza pour éviter de masquer les saveurs, et de ne pas mettre trop de sauce tomate pour éviter de rendre la pâte humide. En suivant ces quelques astuces, vous pourrez réaliser des pizzas délicieuses et savoureuses, qui plairont à tous les gourmands !"

Après avoir appris les bases d'une bonne pizza, il est maintenant temps de vous dévoiler les recettes qui ont fait le succès de ma pizzeria. Ces recettes ont été soigneusement sélectionnées et testées pour vous offrir les meilleures saveurs et textures possibles. Nous allons commencer par une pizza classique, la Margherita, qui est une référence dans le monde de la pizza, puisque c'est la base de la pizza. Cette pizza est garnie de sauce tomate fraîche, de mozzarella de bufflonne, de feuilles de basilic frais et d'huile d'olive extra vierge. Elle est simple mais tellement délicieuse!

« La pizza c'est comme la vie, plus les ingrédients sont frais et de qualité, plus le goût est savoureux. »

Recette: pizza à la sauce tomate

Page **22** à la page **45**

Recette: pizza à la crème

Page **48** à la page **69**

Les flèches à côté de chaque pizza sont une estimation du coût de la pizza par rapport à un coût moyen de fabrication en France de 2,80€.

*Coût de fabrication élevé

*Coût de fabrication moyen

*Coût de fabrication faible

"La Margherita"

Ingrédients :

- Pâte à pizza
- Sauce tomate
- **5** Tomate cerise
- **1** Boule de Mozzarella fraîche
- Feuilles de basilic fraîches
- Huile d'olive
- **Coût de fabrication**

Préparation :

1. Préchauffez votre four à la température la plus élevée possible (*généralement entre **250** et **300**°C*). Ou **400**° (*four à bois ou professionnel*)
2. Etalez la pâte à pizza sur une plaque de cuisson.
3. Répartissez la sauce tomate sur la pâte, en laissant une bordure pour faire la croûte.
4. Coupez la mozzarella en fines tranches et les disposer sur la pizza.
5. Ajoutez les tomates cerises coupées en deux et quelques feuilles de basilic fraîches.
6. Arrosez d'un filet d'huile d'olive.
7. Enfournez pendant **10** à **12** minutes, (*four traditionnel*) ou **2** minutes (*four professionnel*) ou jusqu'à ce que la croûte soit dorée et croustillante.
8. Sortir la pizza du four et laisser reposer quelques minutes avant de servir.

La pizza Margherita est traditionnellement accompagnée d'un vin rouge léger et frais, comme un vin de pays italien ou un vin français de la région de la Loire comme un Gamay ou un Chinon. Ces vins ont des arômes fruités et une acidité modérée qui se marient bien avec la simplicité de la pizza Margherita. Il est important de choisir un vin avec une acidité suffisante pour contrebalancer la douceur de la sauce tomate et la mozzarella. Il est également conseillé de servir le vin à une température d'environ 14 à 16 degrés Celsius pour permettre de goûter tous les arômes.

"Vous pouvez également ajouter des ingrédients tels que des câpres ou des anchois pour varier les saveurs. La Margherita est une pizza simple mais savoureuse qui plaira à tous les gourmands."

Ingrédients :

- Pâte à pizza
- Sauce tomate
- Filet de crème fraîche liquide
- **1** filet de Poulet coupé en dés
- **50**g d'Écrevisses
- **1/2** Oignon rouge coupé en fines rondelles
- Persillade
- Cognac
- **80**g Emmental râpé
- **Coût de fabrication** ↑

Préparation :

1. Préchauffez votre four à la température la plus élevée possible (*généralement entre **250** et **300**°C*). Ou **400**° (*four à bois ou professionnel*)
2. Faites revenir les rondelles d'oignon avec un fonds d'huile d'olive dans votre poêle et ajoutez-y les écrevisses, laissez-les dorer réservez-les.
3. Faites cuire les dés de poulet à la poêle puis réservez-les.
4. Etalez la pâte à pizza sur une plaque à pâtisserie.
5. Etalez une couche de sauce tomate sur la pâte.
6. Ajoutez les dés de poulet et le mélange écrevisses oignon sur la sauce tomate.
7. Ajoutez un filet de crème fraiche liquide sur la pizza.
8. Parsemez généreusement de fromage râpé et de persillade.
9. Arrosez d'une petite quantité de cognac sur toute la pizza.
10. Enfournez pendant **10** à **12** minutes, (*four traditionnel*) ou **2** minutes (*four professionnel)* ou jusqu'à ce que la croûte soit dorée et croustillante.

Vous pouvez accompagner la pizza terre et mer avec un vin blanc sec et frais, comme un Chardonnay ou un Sauvignon Blanc. Les vins rouges tanniques pourraient être trop lourds pour cette pizza. Il est également possible d'accompagner cette pizza avec un vin rosé sec et fruité. Il est important de choisir un vin qui ne va pas écraser les saveurs de la pizza mais plutôt les mettre en valeur.

La pizza "Terre et Mer" est un délicieux mélange de saveurs terre et mer, avec sa sauce tomate, son poulet, ses écrevisses, son oignon rouge, sa persillade et son arrosage de cognac, accompagnée d'un croustillant de fromage râpé."

"La campagnarde "

Ingrédients :

- Pâte à pizza
- Sauce tomate
- **1/2** Caillette
- **2** tranches de Jambon cru
- **1/2** Tomates fraîches
- **2** Champignons de Paris
- **80**g Emmental râpé Basilic frais
- Olives noires
- **Coût de fabrication** ⇧

Le saviez-vous?

"La caillette est un ingrédient traditionnel de la cuisine provençale. C'est un plat à base de chou vert et de viande de porc hachée qui est généralement cuit à la vapeur. Il est souvent utilisé pour accompagner les pâtes ou les pommes de terre, mais il est également souvent utilisé comme ingrédient pour les pizzas.de Provence."

Préparation :

1. Préchauffez votre four à la température la plus élevée possible (*généralement entre **250** et **300**°C*) Ou **400**° (*four à bois ou professionnel*).
2. Etalez la pâte à pizza sur une plaque à pâtisserie.
3. Etalez une couche de sauce tomate sur la pâte.
4. Ajoutez les ingrédients : caillette coupée en morceaux, tomates fraîches coupées en rondelles, champignons de Paris émincés, fromage râpé.
5. Enfournez pendant **10** à **12** minutes, (four traditionnel) ou **2** minutes (four professionnel) ou jusqu'à ce que la croûte soit dorée et croustillante.
6. En sortant du four, ajoutez des olives noires coupées en rondelles sur la pizza.
7. Ajoutez la chiffonnade de jambon cru et le Basilic frais,

La pizza campagnarde est composée de saveurs rustiques et savoureuses. Il est donc recommandé d'accompagner cette pizza avec un vin rouge de type Côtes-du-Rhône ou un Pinot noir de Bourgogne qui ont des arômes fruités et des tanins légers, qui se marieront bien avec les ingrédients de la pizza. Ces vins ont une acidité suffisante pour contrebalancer les saveurs grasses de la caillette et du jambon cru et sont suffisamment tanniques pour accompagner les champignons et la tomate.

"La pizza campagnarde est une pizza délicieuse, avec des ingrédients frais et de qualité, qui rappellent les saveurs de la campagne française. La caillette, le jambon cru, les tomates fraîches et les champignons de Paris apportent une saveur rustique, tandis que le fromage râpé et le basilic ajoutent une touche de finesse. Le tout arrosé d'olives noires qui apporte une petite touche d'originalité."

Ingrédients :

- Pâte à pizza
- Sauce tomate
- **1** Boule de Mozzarella
- di Bufalla
- **40**g Buche de chèvre
- **1/2** Oignon
- **2** Figues fraîches
- Miel Liquide
- **80**g Emmental râpé
- Chiffonnade de jambon cru
- **Coût de fabrication** ⬆

Préparation :

1. Préchauffez votre four à la température la plus élevée possible (*généralement entre **250** et **300**°C*) Ou **400**° (*four à bois ou professionnel*).
2. Faites revenir vos oignons coupé en fines rondelles à la poêle dans un peu d'huile d'olive jusqu'à ce qu'il soit tendre et doré
3. Etalez la pâte à pizza sur une plaque à pâtisserie.
4. Etalez une couche de sauce tomate sur la pâte.
5. Coupez votre mozzarella en tranches et répartissez-les sur la pizza.
6. Coupez votre buche de chèvre en tranches et répartissez-les.
7. Répartissez vos oignons.
8. Coupez vos figues en quartiers et répartissez-les sur la pizza.
9. Arrosez le tout avec un filet de miel.
10. Parsemez de fromage râpé.
11. Enfournez pendant **10** à **12** minutes, (four traditionnel) ou **2** minutes (four professionnel) ou jusqu'à ce que la croûte soit dorée et croustillante
12. Sortez la pizza du four et parsemez de chiffonnade de jambon cru.

"La pizza gourmandise est un délice pour les papilles. Cette pizza est garnie d'oignons fondants, de figues juteuses et de chèvre frais qui apportent une touche de douceur. Le filet de miel ajoute une note sucrée qui équilibre parfaitement le goût des ingrédients. Le jambon cru apporte une touche de saveur salée et croquante qui complète harmonieusement les ingrédients. C'est un véritable festival de saveurs en bouche qui vous laissera un souvenir gustatif inoubliable. Il est difficile de résister à cette pizza gourmande qui vous fera succomber à la tentation de la pizza!"

Ingrédients :

- Pâte à pizza
- **1/2** oignon, émincé
- **250**g de fruits de mer (calmars, moules, crevettes, etc.)
- **80**g d'Emmental râpé
- Persillade
- Olives noires
- Coût de fabrication

Préparation :

1. Préchauffez votre four à la température la plus élevée possible (*généralement entre **250** et **300**°C*) Ou **400**° (*four à bois ou professionnel*).
2. Faites revenir vos fruits de mer à la poêle,
3. Etalez la pâte à pizza sur une plaque à pâtisserie.
4. Garnissez là d'une couche de sauce tomate.
5. Répartissez l'oignon émincé
6. Ajoutez les fruits de mer.
7. Répartissez l'Emmental sur la pizza.
8. Parsemez de persillade.
9. Ajoutez les olives noires.
10. Enfournez pendant **10** à **12** minutes, (four traditionnel) ou **2** minutes (four professionnel) ou jusqu'à ce que la croûte soit dorée et croustillante.

Il existe plusieurs vins qui peuvent accompagner une pizza à base de fruits de mer, mais un choix populaire serait un vin blanc sec et aromatique comme un Sauvignon Blanc ou un Vermentino. Ces vins ont des arômes de fruits tropicaux et de citron qui se marient bien avec les fruits de mer. Il peut également être intéressant d'essayer un vin blanc issu d'une région côtière comme le Muscadet ou le Picpoul de Pinet pour renforcer les notes de mer.

"La pizza Océan est un véritable délice pour les amoureux des fruits de mer. La base de la pizza est recouverte d'une sauce tomate fraîche, sur laquelle est disposée une abondance de fruits de mer savoureux tels que des moules, des crevettes et des coquillages. Les oignons croquants ajoutent une touche de saveur et de texture, tandis que les olives noires apportent une note de saveur salée. La pizza est ensuite recouverte de mozzarella fondante et parsemée de persillade fraîche, pour un mélange de saveurs et de textures qui ravira les papilles. Un véritable voyage culinaire pour les amoureux de la mer."

Ingrédients :

- Pâte à pizza
- **30**g Anchois
- **1** Boule de Mozzarella Di Buffala
- Basilic frais
- Olives noires
- Coût de fabrication

Le saviez-vous?
L'histoire de la pizza aux anchois remonte à l'époque de l'Empire romain, où les anchois étaient déjà utilisés comme ingrédient pour la pizza. Cette pizza est devenue populaire à Naples au 19ème siècle et est maintenant l'une des pizzas les plus populaires au monde.

Préparation :

1. Préchauffez votre four à la température la plus élevée possible (*généralement entre **250** et **300**°C*) Ou **400**° (*four à bois ou professionnel*).
2. Etalez la pâte à pizza sur une plaque à pâtisserie.
3. Etalez une couche de sauce tomate sur la pâte.
4. Répartissez vos anchois sur la pizza
5. Répartissez la mozzarella sur la pizza.
6. Parsemez de basilic frais.
7. Ajoutez les rondelles d'olives noires sur la pizza.
8. Enfournez pendant **10** à **12** minutes, (four traditionnel) ou **2** minutes (four professionnel) ou jusqu'à ce que la croûte soit dorée et croustillante.

La pizza napolitaine étant une pizza traditionnelle italienne, il est courant d'accompagner cette pizza avec un vin rouge italien, comme un Chianti ou un Primitivo. Cependant, il est également possible de l'accompagner avec un vin rouge français de type Côtes-du-Rhône ou un vin rouge léger comme un Beaujolais pour souligner les saveurs de la tomate et de la mozzarella. Il est important de choisir un vin qui a suffisamment de caractère pour contrebalancer les saveurs fortes des anchois, tout en étant suffisamment léger pour ne pas écraser les autres ingrédients de la pizza.

"La pizza napolitaine est un véritable voyage culinaire. Le goût acidulé de la sauce tomate fraîchement préparée se marie parfaitement avec la douceur crémeuse de la mozzarella di buffala. Les anchois apportent une touche de saveur salée, tandis que le basilic frais ajoute une note de fraîcheur. Le tout est cuit à la perfection dans un four à bois, donnant une croûte croustillante et une pâte fondante. Chaque bouchée de cette pizza est un délice pour les papilles, une symphonie de saveurs qui enchantera votre palais."

Ingrédients :

- Pâte a pizza
- Sauce tomate
- **2** Champignons de Paris
- **1/2** Oignon rouge
- **1/2** Poivron
- **1/2** Tomate fraîche
- Basilic frais
- Emmental râpé
- Coût de fabrication

Préparation :

1. Préchauffez votre four à la température la plus élevée possible (*généralement entre **250** et **300**°C*) Ou **400**° (*four à bois ou professionnel*).
2. Etalez votre pâte à pizza sur votre plaque à pâtisserie.
3. Etalez une couche de sauce tomate sur la pâte.
4. Coupez les champignons, l'oignon rouge, le poivron et les tomates en fines lamelles.
5. Disposez les légumes sur la pizza.
6. Ajoutez l'emmental râpé sur la pizza.
7. Parsemez de feuilles de basilic frais.
8. Enfournez pendant **10** à **12** minutes, (four traditionnel) ou **2** minutes (four professionnel) ou jusqu'à ce que la croûte soit dorée et croustillante.

Il y a plusieurs vins qui pourraient accompagner cette pizza végétarienne. Les vins rouges légers et fruités comme les Gamay, les Pinot Noir ou les Côtes du Rhône pourraient être un bon choix car ils ont assez de corps pour accompagner les légumes et suffisamment de fraîcheur pour contrebalancer l'acidité des tomates. Les vins blancs secs comme le Sauvignon Blanc ou le Viognier pourraient également être un bon choix car ils ont une belle acidité et des arômes de fruits qui se marient bien avec les légumes.

"Cette pizza végétarienne est une explosion de saveurs fraîches et colorées. Les champignons, l'oignon rouge, le poivron et les tomates fraîches apportent une belle texture croquante à la pizza tandis que le basilic apporte une touche de fraîcheur. C'est un véritable délice pour les amateurs de saveurs végétales."

Ingrédients:

- Pâte à pizza
- Sauce tomate
- **2** petites pommes de terre
- coupées en rondelles fines
- **120**g de viande de boeuf
- hachée
- **30**g de roquefort
- **80**g d'Emmental râpé
- Olive noire
- Coût de fabrication ➡

Le saviez-vous?

Le roquefort est un fromage à pâte persillée d'origine française, produit dans les départements de l'Aveyron, de la Lozère et de l'Aude. Il est fabriqué à partir de lait de brebis et est soumis à une fermentation naturelle dans des grottes naturelles appelées "combles" ou "caves" dans la région de Roquefort-sur-Soulzon. Il est réputé pour son goût caractéristique et sa texture crémeuse, et est considéré comme l'un des fromages les plus célèbres de France. Sa production remonte au Moyen Âge, mais il e st devenu particulièrement populaire au XIXe siècle.

Préparation:

1. Préchauffez votre four à la température la plus élevée possible (*généralement entre **250** et **300**°C*) Ou **400**° (*four à bois ou professionnel*).
2. Faites cuire vos pommes de terre à l'eau ou faites les revenir à la poêle dans un peu l'huile
3. Etalez la pâte à pizza sur une plaque à pâtisserie.
4. Etalez la sauce tomate sur la pâte à pizza en laissant une bordure pour faire la croûte
5. Disposez les rondelles de pommes de terre sur la pizza.
6. Ajoutez la viande hachée.
7. Parsemez de morceaux de roquefort.
8. Ajoutez le fromage râpé.
9. Ajoutez quelques olives noires.
10. Enfournez pendant **10** à **12** minutes, (four traditionnel) ou **2** minutes (four professionnel) ou jusqu'à ce que la croûte soit dorée et croustillante.
11. Laissez refroidir quelques minutes avant de déguster.

Il est recommandé d'accompagner la pizza boeufinoise avec un vin rouge corsé et fruité comme un Beaujolais Villages ou un Côtes du Rhône. Ces vins ont suffisamment de corps pour s'harmoniser avec la viande hachée et le roquefort, tout en ayant des notes fruitées qui contrebalanceront l'acidité de la tomate.

"La boeufinoise est une pizza délicieuse et originale qui allie les saveurs de la viande de boeuf hachée, de la pomme de terre et du roquefort avec une sauce tomate fraîchement préparée. Vous pouvez remplacer les pommes de terre par des frites cuite"

Ingrédients :

- Pâte à pizza
- Sauce tomate
- **40**g de Bûche de chèvre
- **2** Tranches de Jambon blanc
- **20**g de Noix
- Miel liquide
- **80**g Emmental Râpé
- Coût de fabrication

Préparation :

1. Préchauffez votre four à la température la plus élevée possible (*généralement entre **250** et **300**°C*) Ou **400**° (*four à bois ou professionnel*).
2. Etalez la pâte à pizza sur une plaque à pâtisserie.
3. Etalez la sauce tomate sur la pâte à pizza en laissant une bordure pour faire la croûte.
4. Coupez la bûche de chèvre en tranches fines et répartissez-les sur la pizza.
5. Coupez le jambon blanc en morceaux et répartissez-les sur la pizza.
6. Ajoutez les noix.
7. Arrosez d'un filet de miel sur la pizza et ajoutez l'emmental.
8. Enfournez pendant **10** à **12** minutes, (four traditionnel) ou **2** minutes (four professionnel) ou jusqu'à ce que la croûte soit dorée et croustillante.
9. Sortez du four et servez immédiatement.

Il est recommandé d'accompagner la pizza chèvre-miel avec un vin blanc sec et frais, comme un Sauvignon Blanc ou un Chardonnay. Ces vins ont des arômes de fruits à noyaux et de citron qui se marient bien avec la saveur douce et acidulée du miel et le goût légèrement acide du fromage de chèvre. On peut également opter pour un vin rouge léger comme un Pinot Noir pour contraster avec la douceur du miel.

"La pizza chèvre miel est un délice pour les papilles. La sauce tomate fraîchement préparée et les ingrédients de qualité donnent à cette pizza un goût délicieux. La buche de chèvre fondante et le jambon blanc tendre se marient parfaitement avec les noix croquantes et le filet de miel qui apporte une touche de douceur à l'ensemble. C'est un véritable voyage gustatif pour les amateurs de fromage et de saveurs sucrées-salées."

Ingrédients :

- Pâte à pizza
- **1** C à soupe de sauce salsa
- **1** C à Soupe de sauce tomate
- Ras el hanout
- Cumin
- **1/2** Oignon rouge
- **100g** boeuf hachée
- **1/2** Poivron
- **20**g Maïs
- **2** gousses d'ail, écrasées
- **1** Mozzarella di buffala
- Coût de fabrication ⇧

Préparation :

1. Préchauffez votre four à la température la plus élevée possible (*généralement entre **250** et **300**°C*) Ou **400**° (*four à bois ou professionnel*).
2. Etalez votre pâte à pizza sur une plaque à pâtisserie.
3. Mélangez la sauce salsa et la sauce tomate ensemble et étalez-la sur la pâte à pizza.
4. Ajoutez la viande de boeuf hachée, les oignons rouges, les poivrons et le maïs sur la pizza.
5. Saupoudrez de ras el hanout, de cumin et l'ail.
6. Répartissez la mozzarella di buffala.
7. Enfournez pendant **10** à **12** minutes, (four traditionnel) ou **2**minutes (four professionnel) ou jusqu'à ce que la croûte soit dorée et croustillante.
8. Servez chaud, vous pouvez l'accompagner d'une salade verte

Pour accompagner la Spacy, il est préférable d'utiliser un vin rouge corsé avec des tanins prononcés pour contrebalancer la chaleur des épices. Un vin comme un Syrah ou un Grenache pourraient être un bon choix pour accompagner cette pizza. Il est également possible de boire une bière blonde ou brune pour accompagner cette pizza.

La pizza spicy est un délicieux mélange de saveurs épicées et de légumes croquants. La viande de boeuf hachée ajoute une touche de protéines pour un repas plus consistant, tandis que la mozzarella di buffala fondue apporte une texture crémeuse et une saveur délicieuse. Le ras el hanout et le cumin apportent une touche de saveur épicée,
Une pizza parfaite pour ceux qui aiment les saveurs épicées!

Ingrédients :

- pâte à pizza
- **5** tomates cerises
- coupées en deux
- **2** champignons de Paris émincés
- **1** mozzarella di bufalla
- Copeaux de parmesan *(facultatif)*
- **2** tranches de jambon cru
- **2** poignées de roquette
- Huile d'olive
- Crème de vinaigre balsamique
- Basilic frais
- Coût de fabrication ⇧

Préparation :

1. Préchauffez votre four à la température la plus élevée possible (*généralement entre **250** et **300**°C*) Ou **400**° (*four à bois ou professionnel*).
2. Etalez la pâte à pizza sur une plaque à pâtisserie.
3. Etalez-y la sauce tomate, répartissez les champignons, les tomates cerises, la mozzarella.
4. Enfournez pendant **10** à **12** minutes, (four traditionnel) ou **2** minutes (four professionnel) ou jusqu'à ce que la croûte soit dorée et croustillante..
5. Sortez la pizza du four, ajoutez les tranches de jambon cru, la roquette, parsemez de basilic et arrosez avec un peu de crème balsamique et d'huile d'olive. Ajoutez le parmesan *(facultatif)*

Il est possible d'accompagner la pizza saladière avec un vin blanc sec et frais comme un Pouilly-Fumé ou un Sancerre qui ont des arômes de fruits à chair blanche et une acidité élevée pour contrer l'acidité des tomates. On peut également opter pour un rosé de Provence ou un Côtes de Provence qui apportera une note de fraîcheur et de fruité.

"La pizza "La Saladière" est une pizza savoureuse et fraiche, avec des ingrédients de qualité qui se marient parfaitement ensemble. La roquette apporte une touche de croquant et de fraicheur, accompagné de la vinaigrette qui apporte une note acidulée et légère. La mozzarella di bufalla et le jambon cru viennent apporter une touche de fromage et de charcuterie pour un équilibre parfait entre les ingrédients. »

Ingrédients :

- Pâte à pizza
- Sauce tomate
- **1** Boules de Mozzarella di buffala
- **40**g de Bûche de chèvre
- **2** Tranches de Jambon cru
- Basilic frais
- **80**g Tomates séchées marinées
- Coût de fabrication

Préparation :

1. Préchauffez votre four à la température la plus élevée possible (*généralement entre **250** et **300**°C*) Ou **400**° (*four à bois ou professionnel*).
2. Etalez la pâte sur une plaque à pizza
3. Répartissez une couche de sauce tomate sur la pâte en laissant une bordure pour la croûte.
4. Coupez la mozzarella di buffala en morceaux et répartissez-les sur la pizza.
5. Coupez la bûche de chèvre en petits morceaux et ajoutez-les.
6. Coupez les tomates séchées marinées en morceaux et répartissez-les sur la pizza.
7. Enfournez pendant **10** à **12** minutes, (four traditionnel) ou **2** minutes (four professionnel) ou jusqu'à ce que la croûte soit dorée et croustillante.
8. Sortez la pizza du four et ajoutez des feuilles de basilic frais, coupez le jambon cru en lanières et répartissez-les sur la pizza.

La pizza italienne se marie très bien avec un vin rouge léger et fruité comme un Côtes du Rhône ou un Beaujolais. Ces vins ont des notes de fruits rouges et de cerise qui se marient bien avec les ingrédients de la pizza. Ils ont également une acidité et une tannicité modérées qui aident à contrebalancer la richesse de la mozzarella et des autres ingrédients.

La pizza "l'italienne" est une pizza savoureuse et équilibrée, où la mozzarella di buffala fondante et le goût frais du basilic se marient parfaitement avec le croquant de la tomate séchée marinée, le goût salé du jambon cru, et la saveur sucrée de la bûche de chèvre. C'est un véritable voyage gustatif à travers l'Italie.

Ingrédients :

- Pâte à pizza
- Sauce tomate
- **70**g Brie
- **20**g Noix
- **80**g Emmental râpé
- **1** poignée salade roquette
- **2** Tranches de jambon cru
- Huile d'olive
- aromatisée à la truffe
- Copeaux de truffe (*facultatif*)
- Coût de fabrication ➡

Préparation :

1. Préchauffez votre four à la température la plus élevée possible (*généralement entre **250** et **300**°C*) Ou **400**° (*four à bois ou professionnel*).
2. Etalez la pâte à pizza sur une plaque.
3. Etalez la sauce tomate sur la pâte, en laissant une bordure pour les bords croustillants.
4. Coupez le brie en fines tranches et répartissez-les sur la pizza.
5. Ajoutez les noix, l'emmental râpé et enfournez pendant **10** à **12** minutes, (four traditionnel) ou **2** minutes (four professionnel) ou jusqu'à ce que la croûte soit dorée et croustillante.
6. Sortez la pizza du four et ajoutez la roquette, le jambon cru et un filet d'huile d'olive aromatisée à la truffe.
7. Si désiré, ajoutez les copeaux de truffe par-dessus. (*facultatif*)
8. Coupez en parts et servez immédiatement.

Il est recommandé de servir avec un vin blanc sec et corsé comme un Sancerre ou un Pouilly-Fumé pour accompagner la pizza brie, car ils ont une acidité élevée qui contrebalance la douceur et la crémeuse du brie et les noix ajoutent une touche de saveur de noisette qui s'harmonise bien avec les vins blancs secs. Il est également possible de servir un vin rouge léger comme un Pinot Noir pour accompagner cette pizza.

"Cette pizza à la brie, noix et truffe est un véritable délice pour les amateurs de fromages. La combinaison de la douceur du brie et de la saveur unique de la truffe est renforcée par la croûte croustillante de la pizza. Le jambon cru et la salade roquette apportent une touche de fraîcheur pour contrebalancer les saveurs riches de la pizza. C'est un véritable délice à partager en famille ou entre amis."

Ingrédients :

- Pâte à pizza
- Sauce tomate
- **5** Tomates cerise
- Aubergine grillé
- **1/2** Oignon rouge
- **1/2** Courgette
- Mozzarella di buffala
- **80**g Emmental râpé
- Persillade
- Olives noires
- Coût de fabrication

Préparation :

1. Préchauffez votre four à la température la plus élevée possible (*généralement entre **250** et **300**°C*) Ou **400**° (*four à bois ou professionnel*).
2. Faites griller vos aubergines coupées en fines rondelles, avec un peu d'huile d'olive au fond de votre poêle, puis réservez-les.
3. Faites revenir vos courgettes à la poêle dans un peu d'huile d'olive jusqu'à les rendre tendre puis réservez-les également.
4. Etalez la pâte sur une plaque de cuisson.
5. Etalez une couche de sauce tomate sur la pâte.
6. Coupez les tomates cerises en deux et l'oignon rouge en fines tranches.
7. Disposez les légumes sur la pâte, en les répartissant de manière équilibrée.
8. Coupez la mozzarella di buffala en morceaux et répartissez-les sur la pizza.
9. Parsemez d'emmental râpé de persillade et ajoutez les olives noires coupées en deux.
10. Enfournez pendant **10** à **12** minutes, (four traditionnel) ou **2** minutes (four professionnel) ou jusqu'à ce que la croûte soit dorée et croustillante.
11. Sortez la pizza du four, laissez reposer quelques minutes avant de servir pour que les ingrédients se répartissent de manière homogène

"La pizza estivale est un délicieux mélange de saveurs estivales fraîches et colorées. La base de la pizza est recouverte d'une sauce tomate fraîche et savoureuse, sur laquelle sont disposées des tranches de tomate cerise juteuses et sucrées, des morceaux d'aubergine tendres et grillés, des oignons rouges croquants et des courgettes fondantes. La pizza est ensuite recouverte de copeaux de mozzarella di bufala fondante et crémeuse, et de copeaux d'emmental râpé qui apportent une touche de croquant et de saveur. Enfin, la pizza est parsemée de persillade pour un arôme frais et de petites olives noires pour une touche de saveur salée et acidulée. Cette pizza est idéale pour les soirées d'été, accompagnée d'un

Ingrédients :

- Sauce tomate
- **40**gde Buche de chèvre
- **1/2** Poivron
- **2** Champignons de Paris
- **80g** Emmental râpé
- Olives noires
- Coût de fabrication

Le saviez-vous?

Savez-vous à combien est estimé le nombre de pizza consommé en France par an ? On l'estime à environ 350 millions, ce qui représente des milliers de tonnes de pâte à pizza. Ce qui nous place dans les 3 plus gros consommateur de pizzas au monde avec les états-unis et l'Italie

*Vous pouvez faire cuire les poivrons a la poêle
Afin de leur apporter un côté fondant (*facultatif*)

Préparation :

1. Préchauffez votre four à la température la plus élevée possible (*généralement entre **250** et **300**°C*) Ou **400**° (*four à bois ou professionnel*).
2. Coupez le poivron en lamelle et les champignons en fines tranches
3. Répartissez la sauce tomate sur toute la surface de la pâte.
4. Ajoutez les rondelles de buche de chèvre, les lamelles de poivron et les champignons de Paris.
5. Parsemez le tout d'emmental râpé et ajoutez les olives noires .
6. Enfournez pendant **10** à **12** minutes, (four traditionnel) ou **2** minutes (four professionnel) ou jusqu'à ce que la croûte soit dorée et croustillante.
7. Sortez du four, coupez en parts et servez chaud.

Il est conseillé de servir avec une pizza paysanne un vin rouge léger et fruité comme un Beaujolais ou un Côtes du Rhône. Ces vins ont des arômes de fruits rouges et de cerise qui se marient bien avec les ingrédients de la pizza tels que le chèvre et les champignons. Il est également possible de servir un vin blanc sec et aromatique comme un Sauvignon Blanc ou un Pouilly-Fumé pour accompagner cette pizza.

"La pizza paysanne est une pizza savoureuse et rustique, avec des ingrédients frais et naturels. Le chèvre et l'emmental râpé apporte une touche crémeuse et savoureuse, tandis que les poivrons et les champignons de Paris ajoutent une touche de croquant. Les olives noires apportent un peu de saveur salée et de piquant, qui complète parfaitement la pizza. Elle est idéale pour un repas rapide et délicieux en été ou pour un dîner entre amis."

Ingrédients :

- Pâte à pizza
- Sauce tomate
- **70**g de merguez
- **70**g de chorizo
- **1/2** oignon émincé
- **1/2** poivron coupé en lamelles
- Persillade
- **1** oeuf
- **80**g d'emmental râpé
- Coût de fabrication ⇧

Préparation :

1. Préchauffez votre four à la température la plus élevée possible (*généralement entre **250** et **300**°C*) Ou **400**° (*four à bois ou professionnel*).
2. Étalez la sauce tomate sur la pâte, en laissant une bordure pour faire le bord croustillant.
3. Coupez les merguez et le chorizo en rondelles et disposez-les sur la pizza.
4. Ajoutez l'oignon et le poivron coupés en lamelles.
5. Parsemez de persillade et saupoudrez d'emmental râpé.
6. Cassez un oeuf sur la pizza
7. Enfournez pendant **10** à **12** minutes, (four traditionnel) ou **2** minutes (four professionnel) ou jusqu'à ce que la croûte soit dorée et croustillante.
8. Sortez du four, coupez en parts et servez chaud.

Il est généralement conseillé de servir un vin rouge corsé et épicé pour accompagner la pizza aoutienne, en raison de la présence de merguez et de chorizo. Des vins tels que le Syrah, le Côtes-du-Rhône ou le Rioja seraient des choix appropriés pour accompagner les saveurs fortes et épicées de la pizza. Il est également possible de servir un vin rouge plus léger comme un vin de pays ou un vin régional pour accompagner cette pizza. Il est important de déguster le vin avec la pizza pour trouver le mariage parfait.

"La pizza aoutienne est un délice culinaire qui allie les saveurs épicées de la merguez et du chorizo à la douceur des oignons et des poivrons cuits. Le tout est relevé par une touche de persillade pour apporter une note fraiche et aromatique. Le tout est recouvert d'oeuf et parsemé de fromage râpé pour une texture croquante. C'est une pizza qui saura réveiller vos papilles et vous transporter dans les rues de l'été."

Ingrédients :

- Pâte à pizza
- Sauce burger
- **120**g de boeuf hachée
- **1/2** oignon coupé en rondelles
- **80**g d'emmental râpé
- **40**g de cheddar râpé
- **1/2** tomate fraiche

coupée en dés
- Laitue iceberg
- Coût de fabrication

`Préparation :

1. Préchauffez votre four à la température la plus élevée possible (*généralement entre **250** et **300**°C*) Ou **400**° (*four à bois ou professionnel*).
2. Etalez la pâte à pizza.
3. Etalez la sauce burger sur la pâte, en laissant une bordure pour les bords croustillants.
4. Ajoutez la viande hachée, l'oignon, l'emmental et le cheddar.
5. Enfournez pendant **10** à **12** minutes, (four traditionnel) ou **2** minutes (four professionnel) ou jusqu'à ce que la croûte soit dorée et croustillante.
6. Sortez la pizza du four et ajoutez des dés de tomate fraiche et de la salade iceberg avant de servir.

Les vins corsés comme le Merlot ou le Syrah sont particulièrement bien adaptés car ils ont la capacité de s'accorder à merveille avec les viandes et les fromages. Un vin rouge de la région de Bordeaux comme un Saint-Emilion ou un Pomerol serait également un excellent choix. Il est important de s'assurer que le vin choisi a suffisamment de corps pour tenir face à la viande et aux fromages de la pizza.

"La pizza burger est une délicieuse combinaison de saveurs sucrées et salées, avec une base de pâte à pizza croustillante et une garniture de viande hachée, oignons, fromage râpé et tomate fraiche. La salade iceberg apporte une touche de fraicheur qui contraste avec la chaleur de la viande et du fromage. Une pizza parfaite pour un repas dînatoire ou pour un apéritif dînatoire."

Ingrédients:

- Sauce tomate
- **1** oignon rouges
- **2** cuillères à soupe de sucre
- **2** cuillères à soupe de
- vinaigre balsamique
- **1** cuillère à soupe
- d'huile d'olive
- **2** figues fraiches
- **50**g de foie gras
- salade iceberg
- jambon cru
- **80**g Emmental râpé
- huile aromatisée à la truffe
- Coût de fabrication

Préparation:

1. Préchauffez votre four à la température la plus élevée possible
2. Épluchez et coupez les oignons rouges en fines lamelles.
3. Dans une poêle à feu moyen, faites fondre le sucre avec l'huile d'olive. Ajoutez les oignons et faites-les caraméliser en remuant régulièrement pendant environ 15 minutes. Ajoutez le vinaigre balsamique et mélangez bien. Réservez.
4. Etalez la pâte à pizza puis étalez la sauce tomate sur la pâte.
5. Coupez les figues en fines tranches et répartissez-les sur la pizza.
6. Ajoutez-y les oignons caramélisés et l'emmental.
7. Enfournez pendant **10** à **12** minutes, sortez la pizza du four, ajoutez-y la salade iceberg, le foie gras coupé en morceaux et le jambon cru en chiffonnade.
8. Avant de servir, arrosez avec l'huile aromatisée à la truffe.

Un vin rouge de la région de Bordeaux. Les vins tels que le Pomerol, le Saint-Emilion, le Médoc ou le Graves seraient parfaits pour accompagner les saveurs de la pizza foie gras. Leur complexité et leur structure tannique se marient parfaitement avec les saveurs riches et luxueuses de la pizza. Il est également possible d'accorder avec un vin blanc moelleux tel que un Sauternes ou un Monbazillac.

"La pizza foie gras est un véritable délice pour les papilles. La sauce tomate accompagne à merveille les oignons caramélisés qui ont été cuits jusqu'à devenir doux et dorés, apportant un équilibre acidulé. La figue ajoute une touche de douceur et de sucrosité, se mariant parfaitement avec les saveurs de la pizza. Enfin, après la cuisson, la salade iceberg croquante et le jambon cru apportent une touche de fraîcheur et de texture, tandis qu'un filet d'huile aromatisée à la truffe vient apporter une note élégante et raffinée à l'ensemble. Une pizza pour les amateurs de saveurs exotiques et originales."

" La 5 Fromages "

Ingrédients :

- Pâte à pizza
- Sauce tomate
- **50**g Mozzarella
- **40**g de buche de chèvre
- **40**g de Gorgonzola
- **5** tranches de cheddar
- **80**g Emmentale râpé
- Coût de fabrication

Préparation :

1. Préchauffez votre four à la température la plus élevée possible (*généralement entre **250** et **300**°C*) Ou **400**° (*four à bois ou professionnel*).
2. Etalez la pâte à pizza.
3. Etalez la sauce tomate sur la pâte en laissant une bordure pour faire le tour de la pizza.
4. Répartissez les rondelles de buche de chèvre sur la pizza.
5. Ajoutez-y les morceaux de Gorgonzola de mozzarella et de cheddar.
6. Parsemez le tout d'emmental râpé.
7. Enfournez pendant **10** à **12** minutes, (four traditionnel) ou **2** minutes (four professionnel) ou jusqu'à ce que le fromage soit fondu et que la croûte soit dorée.
8. Retirez du four et servez immédiatement.

Un vin rouge léger et fruité comme un Pinot Noir ou un Gamay serait un bon choix pour accompagner les différents fromages de cette pizza. Il est également possible d'accompagner cette pizza avec un vin blanc sec comme un Sauvignon Blanc ou un Riesling qui permet de couper l'épaisseur des fromages.

"Cette pizza 5 fromages est un véritable festin pour les amateurs de fromages. La combinaison de différents fromages, tels que la mozzarella crémeuse, les rondelles de buche de chèvre goûteuse, le gorgonzola à la saveur intenses, le cheddar fondant et l'emmental râpé, apportera une explosion de saveurs en bouche. La sauce tomate apporte une touche acidulée pour équilibrer les saveurs. La combinaison de tous ces ingrédients fait de cette pizza un délice à ne pas manquer."

Le saviez-vous ?
L'écrevisse Américaine peut se pêcher toute l'année en France car elle est considérée comme nuisible.
Les autres espèces d'écrevisse son réglementées, 10 jours par an seulement pour certaines espèces, et autorisé 30 min avant le lever du soleil et 30 min après son couché

Ingrédients:

- Pâte à pizza
- Sauce tomate
- **1/2** oignon rouge coupé en fines lamelles
- **1/2** poivron coupé en fines lamelles
- 2 champignons de Paris émincé
- **1/2** tomate fraîche coupée en petits dés
- **50**g d'écrevisses préalablement revenues à la poêle
- Filet de crème fraîche liquide
- **80**g d'emmental râpé
- Persillade
- Coût de fabrication

Préparation:

1. Préchauffez votre four à la température la plus élevée possible (*généralement entre **250** et **300**°C*) Ou **400**° (*four à bois ou professionnel*).
2. Etalez la pâte à pizza sur une plaque à pâtisserie;
3. Etalez la sauce tomate sur la pâte à pizza.
4. Ajoutez les oignons rouges, les poivrons, les champignons de Paris, les tomates fraîches et les écrevisses sur la pizza.
5. Versez un filet de crème fraîche liquide sur la pizza.
6. Parsemez d'emmental râpé et de persillade.
7. Enfournez pendant **10** à **12** minutes, (four traditionnel) ou **2** minutes (four professionnel) ou jusqu'à ce que la croûte soit dorée et croustillante.

Pour accompagner cette pizza, vous pouvez opter pour une salade verte assaisonnée à l'huile d'olive et au vinaigre balsamique. Pour le vin, un vin blanc sec comme un Sauvignon Blanc ou un Pinot Grigio serait un bon choix pour accompagner les saveurs de la pizza.

"La pizza Délice est un véritable délice pour les papilles. La sauce tomate accompagne à merveille les légumes frais, tels que l'oignon rouge, le poivron et les champignons. Le tout est accompagné de délicieuses écrevisses et arrosé d'un filet de crème fraîche qui apporte une touche de douceur et de crémeux. Le tout est recouvert d'emmental râpé et de persillade, ajoutant une touche de saveur et de croquant à l'ensemble. Une pizza idéale pour les amateurs de saveurs fraîches et savoureuses."

Ingrédients :

- Sauce tomate
- **100**g de viande de boeuf hachée
- **1/2** oignon émincé,
- **100**g d'aubergines grillées coupées en rondelles
- **80**g d'emmental râpé
- **1** oeuf
- Coût de fabrication

Préparation:

1. Préchauffez votre four à la température la plus élevée possible (*généralement entre **250** et **300**°C*) Ou **400**° (*four à bois ou professionnel*).
2. Etalez la pâte à pizza sur une plaque à pâtisserie.
3. Etalez la sauce tomate sur la pâte à pizza.
4. Répartissez-y la viande hachée.
5. Ajoutez les rondelles d'aubergines grillées.
6. Parsemez d'oignon cuit à la poêle.
7. Répartissez le fromage râpé sur la pizza.
8. Cassez l'oeuf au centre de la pizza
9. Enfournez pendant **10** à **12** minutes, (four traditionnel) ou **2** minutes (four professionnel) ou jusqu'à ce que la croûte soit dorée et croustillante.

Pour accompagner cette pizza, on peut opter pour un vin rouge français de la région de l'Alsace comme un Gewurztraminer ou un Pinot Noir qui apporteront des notes de fruits rouges et de fruits exotiques qui s'accorderont parfaitement avec les saveurs de la pizza

"La pizza moussaka est une explosion de saveurs grecques. La sauce tomate apporte une touche acidulée qui se marie à merveille avec les oignons cuits à la poêle et les aubergines grillées qui ont été cuits jusqu'à ce qu'ils soient tendres et dorés. La viande de boeuf hachée crue ajoute une touche de saveur et de texture à l'ensemble. L'emmental râpé apporte une touche de fondant et de croquant. Enfin, l'oeuf poché ajoute une touche de fraîcheur et de texture."

Ingrédients :

- Pâte à pizza
- Sauce tomate
- **40**g de buche de chèvre
- **100**g de chorizo
- **80**g d'aubergine grillée
- Mozzarella di bufalla
- **80**g d'emmental râpé
- Coût de fabrication

Le saviez-vous?
Les aubergines, également connues sous le nom de "eggplant" en anglais, sont originaires d'Inde et de Chine. Les cultivars d'aubergine que nous connaissons aujourd'hui ont été développés en Inde il y a environ 4 000 ans, et ont été introduits en Europe par les Arabes au Moyen Âge.

Préparation :

1. Préchauffez votre four à la température la plus élevée possible (*généralement entre **250** et **300**°C*) Ou **400°** (*four à bois ou professionnel*).
2. Etalez votre pâte à pizza sur une plaque de cuisson.
3. Étalez la sauce tomate sur la pâte.
4. Coupez le chorizo et la buche de chèvre en morceaux, ajouter les morceaux sur la pizza.
5. Ajoutez les rondelles d'aubergines grillées et la mozzarella di bufalla sur la pizza.
6. Parsemez l'emmental râpé sur le dessus de la pizza.
7. Enfournez pendant **10** à **12** minutes, (four traditionnel) ou **2** minutes (four professionnel) ou jusqu'à ce que la croûte soit dorée et croustillante.

La pizza avec chèvre, chorizo et aubergine grillée peut être accompagnée d'un vin rouge léger et fruité comme un Côtes du Rhône ou un Tempranillo espagnol. Ces vins ont des arômes de fruits rouges et des tanins doux qui se marient bien avec les saveurs épicées du chorizo et les saveurs sucrées des aubergines grillées. Ils sont également assez puissants pour supporter la force de goût de la chèvre et de l'emmental.

"Cette pizza mélange les saveurs sucrées et épicées du chorizo et la fraîcheur de la buche de chèvre pour un vrai régal gustatif. Les aubergines grillées apportent une texture croquante et le fromage râpé une touche de fondant. C'est une pizza qui réunit tout les ingrédients pour vous faire passer un moment culinaire inoubliable. »

Ingrédients:

- Pâte à pizza
- Sauce tomate
- **1/2** oignon émincé
- **1** boîte de thon égoutté
- Filet de crème fraîche
- **5** Tomates cerises coupées en deux
- Emmental râpé
- Ciboulette finement ciselée
- Coût de fabrication

Préparation:

1. Préchauffez votre four à la température la plus élevée possible (*généralement entre **250** et **300**°C*) Ou **400**° (*four à bois ou professionnel*)
2. Etalez la pâte à pizza sur une plaque.
3. Etalez la sauce tomate sur la pâte à pizza, en laissant une bordure pour faire lever la pizza.
4. Répartir les rondelles d'oignon rouge sur la pizza.
5. Ajoutez le thon égoutté sur la pizza, en le répartissant uniformément.
6. Versez un filet de crème fraîche sur la pizza.
7. Ajoutez les tomates cerises coupées en deux sur la pizza.
8. Parsemez d'emmental râpé sur la pizza.
9. Enfournez pendant **10** à **12** minutes, (four traditionnel) ou **2** minutes (four professionnel) ou jusqu'à ce que la croûte soit dorée et croustillante.
10. Sortez la pizza du four et parsemez de ciboulette finement ciselée avant de servir.

Il est recommandé de servir une pizza à base de thon avec un vin blanc sec et frais, comme un Sauvignon Blanc ou un Vermentino. Ces vins ont une acidité élevée qui contrebalance les saveurs de la pizza et se marient bien avec le thon et les légumes. Un vin blanc de la région de la Méditerranée serait également un bon choix pour accompagner la pizza Pacifica.

"La Pacifica est une pizza qui allie les saveurs de la mer et de la terre. La sauce tomate apporte une base acide qui se marie parfaitement avec les morceaux de thon frais et les oignons cuits à la poêle. Le filet de crème ajoute une touche de onctuosité et de crémeux qui se mélange harmonieusement avec les tomates cerises et l'emmental râpé. La ciboulette apporte une note de fraîcheur et d'herbes qui complète à merveille cette pizza. C'est une pizza savoureuse et originale qui plaira aux amateurs de saveurs marines."

Ingrédients:

- Pâte à pizza
- Sauce tomate
- **1/2** poivron coupé en lamelle
- **80**g de chorizo coupé en rondelles
- **100**g d'émincé de poulet rôti
- **1/2** oignon coupé en rondelles
- **1** C à café de Curry
- **80**g d'emmental râpé
- Crème fraîche
- Coût de fabrication

Le saviez-vous?

L'origine du chorizo remonte à l'époque romaine, où les soldats romains utilisaient des saucisses pour stocker de la nourriture pendant leurs campagnes. Les chorizos sont devenus populaires en Espagne au Moyen Âge et ont été introduits en Amérique latine par les colons espagnols. Il existe de nombreuses variétés de chorizo en fonction des régions

Préparation:

1. Préchauffez votre four à la température la plus élevée possible (*généralement entre **250** et **300**°C*) Ou **400**° (*four à bois ou professionnel*)
2. Faites cuire le poulet à la poêle jusqu'à ce qu'il soit bien cuit. Réserver.
3. Faites revenir les oignons à la poêle jusqu'à ce qu'ils soient tendres. Ajouter les lamelles de poivron et le chorizo et faire suer quelques minutes.
4. Ajoutez un filet de crème et du curry à la préparation, incorporer le poulet déjà cuit. Laissez mijoter à feu doux pendant 2 min en mélangeant.
5. Etalez la pâte à pizza sur une plaque à pâtisserie. Etaler la sauce tomate sur la pâte.
6. Ajoutez la préparation de poulet, poivron, oignon et chorizo sur la pizza. Parsemer d'emmental râpé.
7. Enfournez pendant **10** à **12** minutes, (four traditionnel) ou **2** minutes (four professionnel) ou jusqu'à ce que la croûte soit dorée et croustillante.

Pour accompagner cette pizza, un vin rouge corsé et fruité, comme un Syrah ou un Côtes du Rhône, serait idéal pour contrebalancer les saveurs épicées et relever les arômes de la viande et des légumes.

"La pizza Tixy est une explosion de saveurs avec sa sauce tomate crémeuse et relevée par un soupçon de curry. Les morceaux de poulet rôti, le chorizo et les oignons caramélisés ajoutent une touche de saveur supplémentaire, tandis que les poivrons et l'emmental râpé apportent une texture croquante et fondante. Cette pizza est idéale pour les amateurs de saveurs épicées et savoureuses"

Il est vrai que les puristes de la pizza traditionnelle considèrent généralement que les pizzas à la crème ne respectent pas les règles traditionnelles de la pizza napolitaine. Cependant, il est important de noter que la pizza est un plat qui a évolué au fil des années et qu'il existe de nombreuses variantes à travers le monde. Les pizzas à la crème ont également leur place dans cette évolution et peuvent être très savoureuses si elles sont bien préparées. Il est donc important de ne pas les rejeter automatiquement et de les juger sur leur propre mérite gustatif.

Quelques notes à savoir sur les différentes crèmes, leurs caractéristiques et leurs utilisations.

Il existe plusieurs types de crème fraîche, qui varient en termes de teneur en matière grasse et de saveur.

- La crème fraîche classique a une teneur en matière grasse d'environ 30%, et a une saveur douce et crémeuse. Elle est souvent utilisée pour assaisonner les sauces, les soupes et les pâtes, et peut également être utilisée pour faire des glaçages et des garnitures pour les gâteaux.

- La crème fraîche épaisse a une teneur en matière grasse plus élevée, d'environ 40%, et est plus ferme que la crème fraîche classique. Elle est souvent utilisée pour faire des crèmes glacées, des mousses et des crèmes fouettées.

- La crème 18% est une crème légèrement épaisse qui contient 18% de matière grasse. Elle est souvent utilisée pour les sauces, les soupes et les marinades, car elle peut être facilement fouettée et a une texture lisse. Elle a également une saveur douce et crémeuse, qui peut être utilisée pour ajouter de la richesse et de la profondeur aux plats. Elle peut également être utilisée pour les desserts tels que les crèmes, les gâteaux et les glaces.

- Il y a aussi la crème fraîche légère qui est moins grasse que les deux premières.

- Enfin, il y a la crème fraîche bio, qui est produite à partir de lait biologique et qui est souvent considérée comme étant plus saine et plus respectueuse de l'environnement.

J'utilise personnellement une crème fraîche liquide à 18% de matière grasse pour mes pizzas. Je place mes ingrédients sur la pâte à pizza puis je les arrose de crème fraîche.

Vous êtes libre d'utiliser la crème fraîche de votre choix, que ce soit liquide ou épaisse. Si vous utilisez une crème épaisse, il faudra l'étaler comme base à l'aide d'une cuillère ou d'une spatule.

Ingrédients :

- Pâte à pizza
- Crème fraiche liquide ou épaisse
- **110**g de raviole
- **2** tranches de jambon blanc
- **40**g de fromage Saint-Félicien
- **80**g Emmental râpé
- **20**g Noix
- Olives noires
- Coût de fabrication
-

Le saviez-vous ?

La raviole est une spécialité culinaire qui trouve ses origines dans la cuisine romaine au XIIIe siècle. Elle est composée d'une pâte farcie de hachis de rave, et s'est ensuite développée dans les régions provençales sous différentes formes dialectales. La raviole est devenue très populaire dans la région du Dauphiné, notamment à Romans, où elle est farcie de fromage blanc, parmesan et persil. Elle est traditionnellement cuite dans un bouillon de poule et servie en entrée ou en accompagnement.

Préparation :

1. Préchauffez votre four à la température la plus élevée possible (*généralement entre* ***250*** *et* ***300***°*C*) Ou **400**° (*four à bois ou professionnel*).
2. Etalez la pâte à pizza sur une plaque à pâtisserie.
3. Etalez la crème fraiche sur la pâte à pizza. (crème épaisse)

Ou arrosez de crème liquide vos ingrédients après les avoir disposés.

4. Disposez les ravioles sur la pâte à pizza.
5. Ajoutez les tranches de jambon blanc et les morceaux de Saint-Félicien.
6. Parsemez d'emmental râpé, de noix et d'olives noires.
7. Enfournez pendant **10** à **12** minutes, (four traditionnel) ou **2** minutes (four professionnel) ou jusqu'à ce que la croûte soit dorée et croustillante.

Pour accompagner cette pizza, je vous conseillerais un vin blanc sec et frais comme un Roussette de Savoie ou un Vin de Savoie chardonnay qui viendra sublimer les saveurs de cette pizza en apportant de la fraicheur et de la minéralité.

La pizza Grenobloise est un délice culinaire qui réunit des ingrédients de qualité supérieure pour offrir un goût unique et mémorable. La base de cette pizza est une crème fraîche légère et onctueuse, qui se mêle à la perfection aux ravioles fraîches et fondantes. Le jambon blanc tendre et savoureux, accompagné des notes de noix croquantes et des olives noires, ajoutent une touche de saveur salée à cette pizza. Le fromage Saint-Félicien fondant et crémeux, ainsi que l'emmental râpé, apporte une touche de douceur et de fondant à cette pizza. La pizza Grenobloise est un véritable régal pour les papilles qui ne laissera personne indifférent.

Ingrédients :

- Pâte à pizza
- Crème fraiche
- **110**g de raviole
- **2** tranches de jambon blanc
- **30**g Roquefort
- **80**g Emmental râpé
- Olives noires
- Ciboulette fraiche
- Coût de fabrication

Préparation :

1. Préchauffez votre four à la température la plus élevée possible (*généralement entre **250** et **300**°C*) Ou **400**° (*four à bois ou professionnel*).
2. Etalez la pâte à pizza sur une plaque à pâtisserie.
3. Etalez la crème fraiche sur la pâte à pizza. (crème épaisse)

Ou arrosez de crème liquide vos ingrédients après les avoir disposés.

4. Disposez les ravioles sur la pâte à pizza.
5. Ajoutez les tranches de jambon blanc et les morceaux de Roquefort.
6. Parsemez d'emmental râpé, et d'olives noires.
7. Enfournez pendant **10** à **12** minutes, (four traditionnel) ou **2** minutes (four professionnel) ou jusqu'à ce que la croûte soit dorée et croustillante.
8. Sortez la pizza du four et parsemez de ciboulette ciselée

Pour accompagner cette pizza, il est préférable de choisir un vin rouge corsé et fruité pour contrebalancer les saveurs fortes du roquefort et de l'emmental. Un vin comme un Syrah ou un Côtes-du-Rhône serait idéal. Les vins rouges de la région de Bordeaux, comme un Saint-Emilion ou un Pomerol, pourraient également être un bon choix pour accompagner cette pizza. Pour les amateurs de vin blanc, un vin sec et corsé comme un Chardonnay ou un Sauvignon Blanc pourrait également accompagner cette pizza.

"La pizza Joker est un délice culinaire qui allie des ingrédients savoureux pour créer un goût unique et équilibré. La base de cette pizza est une crème fraîche, qui apporte une touche de douceur et de légèreté. La garniture comprend des ravioles, des tranches de jambon blanc, du roquefort et de l'emmental râpé, pour un mélange de saveurs. Enfin, la ciboulette ajoute une touche de fraîcheur à l'ensemble."

Ingrédients:

- Pâte à pizza
- **110**g de raviole
- **80**g de saumon fumé
- **80**g d'Emmental râpé
- Crème fraîche
- Ciboulette fraiche
- Olives noires
- Coût de fabrication

Préparation:

1. Préchauffez votre four à la température la plus élevée possible (*généralement entre **250** et **300**°C*) Ou **400**° (*four à bois ou professionnel*).
2. Etalez la pâte à pizza sur une plaque.
3. Etalez la crème fraiche sur la pâte à pizza. (crème épaisse)

Ou arrosez de crème liquide vos ingrédients après les avoir disposés.

4. Ajoutez les ravioles, coupez le saumon fumé en morceaux et répartissez-les sur la pizza.
5. Ajoutez l'emmental râpé, et les olives noires.
6. Enfournez pendant **10** à **12** minutes, (four traditionnel) ou **2** minutes (four professionnel) ou jusqu'à ce que la croûte soit dorée et croustillante.
7. Sortez la pizza du four et ajoutez la ciboulette ciselée.

La pizza raviole saumon se marie parfaitement avec un vin blanc sec et fruité comme un Sauvignon Blanc ou un Pinot Grigio. Ces vins ont des arômes de fruits exotiques et de citron qui s'harmonisent bien avec les saveurs du saumon fumé et de la ciboulette. La crème fraiche et l'emmental râpé ajoutent une touche de douceur qui est équilibrée par l'acidité du vin. Les amateurs de vins rouges pourraient également opter pour un Pinot Noir léger et fruité qui accompagnera à merveille cette pizza.

"La pizza raviole saumon est un délice culinaire qui réunit des ingrédients savoureux pour une explosion de saveurs en bouche. La pâte à pizza est recouverte de crème fraiche, ce qui apporte une texture onctueuse et crémeuse. Les ravioles, petites poches de pâte farcies de fromage, apportent une touche de moelleux et de saveur. Le saumon fumé, quant à lui, apporte une saveur fumée et salée qui se marie à merveille avec la crème fraiche et les ravioles. Le tout est parsemé d'emmental râpé, pour un côté fondant et de ciboulette pour un petit coté frais."

" La Compostelle "

Ingrédients:

- Pâte à pizza
- Crème fraîche
- **110**g de raviole
- **1/2** oignon rouge, émincé
- **50**g de noix de

Saint-Jacques,

- **80**g d'emmental râpé
- Persillade
- Coût de fabrication

Préparation:

1. Préchauffez votre four à la température la plus élevée possible (*généralement entre **250** et **300**°C*) Ou **400**° (*four à bois ou professionnel*)
2. Etalez la pâte à pizza sur une plaque.
3. Etalez la crème fraiche sur la pâte à pizza. (crème épaisse)

Ou arrosez de crème liquide vos ingrédients après les avoir disposés.

4. Disposez les ravioles, les lamelles d'oignon rouge, les noix de Saint-Jacques et parsemez d'emmental râpé.
5. Enfournez pendant **10** à **12** minutes, (four traditionnel) ou **2** minutes (four professionnel) ou jusqu'à ce que la croûte soit dorée et croustillante.
6. Sortez la pizza du four et parsemez de persillade avant de servir.

Pour accompagner cette pizza, on peut opter pour un vin blanc sec et minéral comme un Chablis ou un Sancerre pour contrebalancer les saveurs de la crème fraîche et des fruits de mer. Il est également possible de choisir un vin blanc de la région comme un Muscadet ou un Pouilly-Fumé qui mettra en valeur les saveurs de cette pizza.

La pizza Compostelle est un délicieux mariage de saveurs. La base crémeuse de la crème fraîche est recouverte de ravioles, accompagnées d'oignons rouges croquants et de noix de Saint-Jacques fondantes. Le tout est parsemé d'emmental et de persillade pour un parfum irrésistible. Servi chaud, cette pizza est un véritable voyage culinaire

Ingrédients :

- Pâte à pizza
- **150**g de poireaux
- **10**g de beurre
- Sel et poivre
- **1** cuillère à soupe de moutarde (facultatif)
- **1** cuillère à soupe de jus de citron (facultatif)
- **50**ml de crème fraiche
- **50**g Noix de Saint-Jacques
- **100**g d'emmental râpé
- Persillade
- Coût de fabrication ⇧

Citation
"Les noix de Saint-Jacques sont le fruit de la mer, mais c'est le coeur de l'homme qui en détermine la saveur."

Préparation :

1. Préchauffez votre four à la température la plus élevée possible (*généralement entre **250** et **300**°C*) Ou **400**° (*four à bois ou professionnel*).
2. Coupez les poireaux en rondelles après les avoir soigneusement lavés.
3. Faites fondre le beurre dans une casserole, ajoutez les poireaux, mélangez, couvrez et faites cuire à feu très doux pendant 25 minutes environ, en remuant de temps en temps.
4. Ajoutez la moutarde et le jus de citron si vous les utilisez, salez, poivrez et laissez cuire encore quelques minutes.
5. Incorporez la crème fraîche à la fin, laissez épaissir.
6. Etalez la pâte à pizza sur une plaque de cuisson.
7. Etalez un peu de crème fraîche sur la pâte, répartissez la préparation de poireaux et les noix de saint Jacques coupées en deux. Parsemez d'emmental râpé.
8. Enfournez pendant **10** à **12** minutes, (four traditionnel) ou **2** minutes (four professionnel) ou jusqu'à ce que la croûte soit dorée et croustillante.
9. Parsemez de persillade avant de servir.

Il est recommandé d'accompagner la Douceur avec un vin blanc léger et fruité, tel qu'un Chablis, un Hermitage, un Mâcon, un Pouilly-Fuissé, un Anjou, un Châteauneuf du Pape ou un Condrieu. Les arômes d'agrumes ou de fruits blancs se marieront bien avec la garniture, tandis que la minéralité du vin contribuera à contrebalancer le gras des fromages de la pizza. Il est préférable d'éviter les vins rouges pour cet accord car ils pourraient masquer les arômes délicats de la pizza.

"La pizza Douceur est un délice culinaire. Les saveurs délicates des noix de Saint Jacques fraîches et savoureuses ajoutent une touche de luxe à chaque bouchée. La texture fondante des poireaux apporte une touche de saveur douce et légèrement épicée, équilibrant parfaitement les saveurs. Le tout est surmonté d'une crème fraiche onctueuse. Cette pizza est un véritable régal pour les papilles, une délicieuse combinaison de saveurs et de textures qui ne manquera pas de plaire à tous les amateurs de pizza."

Ingrédients:

- Pâte à pizza
- **130**g de poulet rôti
- **1/2** oignon
- **1/2** poivron
- **1** C à soupe de curry

en poudre

- Crème fraîche
- **80**g Emmental râpé,
- Olives noires
- Coût de fabrication

Préparation:

1. Préchauffez votre four à la température la plus élevée possible (*généralement entre **250** et **300**°C*) Ou **400**° (*four à bois ou professionnel*).
2. Étalez la pâte à pizza sur une plaque à pâtisserie.
3. Découpez l'oignon et le poivron en fines lamelles.
4. Dans une poêle, faites chauffer un peu d'huile et faites-y revenir l'oignon et le poivron jusqu'à ce qu'ils soient tendres. Ajoutez le poulet coupé en petit dés et le curry en poudre et mélangez bien.
5. Répartissez la préparation sur la pâte à pizza, en laissant une bordure pour faire lever les bords.
6. Répartissez la crème fraîche sur la pizza, saupoudrez d'emmental râpé et ajoutez les olives noires.
7. Enfournez pendant **10** à **12** minutes, (four traditionnel) ou **2** minutes (four professionnel) ou jusqu'à ce que la croûte soit dorée et croustillante.
8. Servez chaud et dégustez!

La pizza Poulet Curry se marie bien avec un vin blanc sec et aromatique comme un Riesling ou un Gewürztraminer. Ces vins ont des arômes de fruits exotiques et de fleurs qui se marient bien avec les épices de curry. Un vin blanc sec et corsé comme un Chardonnay pourrait également être un bon choix pour accompagner cette pizza, car il peut contrer la crème fraîche et les ingrédients riches.

"La pizza poulet curry est un véritable délice pour les papilles. Elle se compose d'une croûte fine et croustillante recouverte d'une crème fraîche onctueuse et épicée. Le poulet rôti tendre et juteux se mêle à la douceur de l'oignon et du poivron, tandis que l'emmental râpé fondant apporte une touche de saveur à cette pizza, qui est parfaitement accompagnée d'une note de curry. Cette pizza est un véritable festin pour les amateurs de saveurs épicées et de saveurs indiennes."

" La Nordique "

Ingrédients :

- Pâte à pizza
- Crème fraîche
- **130**g de pommes de terre cuites et coupées en fines rondelles
- **80**g de saumon fumé coupé en morceaux
- **1/2** oignon rouge émincé
- **80**g d'emmental râpé
- Ciboulette fraîche ciselée
- Coût de fabrication ➡

Préparation :

1. Préchauffez votre four à la température la plus élevée possible (*généralement entre **250** et **300**°C*) Ou **400**° (*four à bois ou professionnel*).
2. Etalez la pâte à pizza sur une plaque.
3. Etalez une fine couche de crème fraîche sur la pâte à pizza, en laissant une bordure pour les bords croustillants.
4. Disposez les pommes de terre sur la crème fraîche, suivies du saumon fumé et de l'oignon rouge.
5. Parsemez le tout d'emmental râpé.
6. Enfournez pendant **10** à **12** minutes, (four traditionnel) ou **2** minutes (four professionnel) ou jusqu'à ce que la croûte soit dorée et croustillante.
7. Sortez la pizza du four et parsemez de ciboulette fraîche.

Pour accompagner cette pizza, on peut opter pour un vin blanc sec et frais comme un Sauvignon Blanc ou un Riesling pour contrebalancer la saveur fumée du saumon.

Cette pizza Nordique est un mariage parfait entre les saveurs douces et crémeuses des pommes de terre et la saveur fumée et salée du saumon. La ciboulette fraîche apporte une touche de fraîcheur et de parfum qui complète à merveille les ingrédients de la pizza.

" La Norvégienne "

Ingrédients :

- pâte à pizza
- Crème fraiche
- **80**g de saumon fumé, coupé en morceaux
- **1/2** oignon rouge, coupé en fines tranches
- **80**g d'emmental râpé
- **1** à **2** cuillères à soupe de Boursin ail et fines herbes
- Ciboulette fraîche, ciselée
- Coût de fabrication ➡

Préparation :

1. Préchauffez votre four à la température la plus élevée possible (*généralement entre **250** et **300**°C*) Ou **400**° (*four à bois ou professionnel*).
2. Etalez la pâte à pizza sur une plaque.
3. Etalez le Boursin sur la pâte à pizza, en laissant une marge de 1 cm autour du bord.
4. Étalez la crème fraiche par-dessus le Boursin.
5. Répartissez les morceaux de saumon fumé, les tranches d'oignon rouge les tomates cerises coupées en deux et l'emmental râpé sur la pizza.
6. Enfournez pendant **10** à **12** minutes, (four traditionnel) ou **2** minutes (four professionnel) ou jusqu'à ce que la croûte soit dorée et croustillante.
7. Parsemez de ciboulette fraîche avant de servir.

La pizza Norvégienne, avec sa combinaison de saumon fumé, oignon rouge, emmental râpé et ciboulette fraîche, serait parfaite accompagnée d'un vin blanc sec et frais, comme un Sauvignon Blanc ou un Pinot Grigio. Ces vins ont des arômes de citron et de pomme vert qui se marient bien avec les saveurs de la pizza.

"Cette pizza Nordique, est une combinaison délicieuse de saveurs fraîches et fumées. La crème fraîche, les pommes de terre, le saumon fumé et l'oignon rouge se marient parfaitement avec le fromage fondu et les fines herbes. Le beurre de bourin ail et fines herbes ajoute une touche supplémentaire d'arôme et de saveur. "

Ingrédients :

- Pâte à pizza
- **2** C à soupe d'houmous
- **100**g de poulet rôti, coupé en dés
- Chou rouge, coupé en fines lanières
- Jeunes pousses d'épinards
- **5** tomates cerise, coupées en deux
- Crème fraiche
- Feuilles de menthe fraîche
- **80**g d'emmental râpé
- Olives noires
- Coût de fabrication

Préparation :

1. Préchauffez votre four à la température la plus élevée possible (*généralement entre **250** et **300**°C*) Ou **400**° (*four à bois ou professionnel*).
2. Etalez la pâte à pizza sur une plaque
3. Etalez l'houmous sur la pâte à pizza en laissant une bordure pour les bords croustillants recouvrir de crème.
4. Ajoutez les dés de poulet, les lanières de chou rouge les tomates cerises et l'emmental sur la pizza.
5. Parsemez les olives noires sur le dessus de la pizza.
6. Enfournez pendant **10** à **12** minutes, (four traditionnel) ou **2** minutes (four professionnel) ou jusqu'à ce que la croûte soit dorée et croustillante.
7. Sortez du four et ajoutez les jeunes pousses d'épinards et la menthe.

Pour accompagner cette pizza Pita, on peut opter pour un vin blanc sec comme un Sauvignon Blanc ou un Riesling pour contraster avec l'onctuosité de l'houmous et la saveur de chou rouge.

"La pizza Pita est un délice pour les papilles, un véritable voyage culinaire pour les amateurs de saveurs orientales. Le houmous crémeux et savoureux est une base parfaite pour cette pizza, accompagné de morceaux de poulet rôti juteux et tendre. Le chou rouge croquant et les jeunes pousses d'épinards frais apportent une touche de fraîcheur, tandis que les tomates cerise confites et la menthe fraîche ajoutent une touche de saveur acidulée. Le tout est recouvert d'une fine couche de fromage râpé et parsemé d'olives noires pour un croquant supplémentaire. Cette pizza est un véritable régal pour les sens."

Ingrédients:

- Pâte à pizza
- Crème fraîche
- **110**g De viande de kebab
- **1/2** Oignon (coupé en fines lamelles)
- **1** Tomate fraîche (coupées en dés)
- **80**g Emmental râpé
- Salade iceberg (coupée lamelles)
- Coût de fabrication

Citation
"Le kebab, un voyage culinaire en un seul morceau de viande."

Préparation :

1. Préchauffez votre four à la température la plus élevée possible (*généralement entre **250** et **300**°C*) Ou **400**° (*four à bois ou professionnel*).
2. Etalez la pâte à pizza sur une plaque de cuisson.
3. Etalez la crème fraîche sur la pâte à pizza.
4. Ajoutez la viande de kebab, les oignons, les tomates fraîches et l'emmental râpé sur la pizza.
5. Enfournez pendant **10** à **12** minutes, (four traditionnel) ou **2** minutes (four professionnel) ou jusqu'à ce que la croûte soit dorée et croustillante.
6. Sortez la pizza du four, ajoutez la salade iceberg dessus, et servez immédiatement.

Pour accompagner la pizza kebab, je vous conseille de choisir un vin rouge assez corsé et fruité comme un Syrah ou un Grenache. Ces vins ont des arômes de fruits rouges et noirs qui se marient bien avec les saveurs de la viande de kebab.

"Cette pizza kebab est un véritable délice pour les amateurs de viande de kebab et de saveurs épicées. La crème fraiche et l'emmental râpé apportent une touche de fraîcheur et de fondant pour contrebalancer les saveurs de la viande. Et la salade iceberg donne une touche de croquant. C'est un vrai régal."

Ingrédients:

- Pâte à pizza
- Sauce poivre
(à préparer ou acheter)
- **130**g de poulet rôti,
coupé en dés
- **1/2** oignon émincé
- **30**g de cèpes frais, émincé
- **80**g d'emmental râpé
- Persillade
- Coût de fabrication

Pour préparer une sauce aux poivres onctueuse, vous aurez besoin de :

- **2** cuillères à soupe de poivre vert concassé
- **2** cuillères à soupe de poivre noir concassé
- **1/4** tasse de cognac ou de brandy
- **1** tasse de bouillon de poulet
- **1/2** tasse de crème fraîche
- **1/4** tasse de beurre
- Sel et poivre au goût

1. Dans une petite casserole, mélangez les poivres concassés et le cognac ou le brandy. Faites chauffer à feu moyen jusqu'à ce que le mélange soit chaud et que l'alcool soit réduit de moitié.

2. Ajoutez le bouillon de poulet et amenez à ébullition. Réduisez le feu et laissez mijoter pendant 10 minutes, où jusqu'à ce que le mélange soit réduit de moitié.

3. Ajoutez la crème fraîche et le beurre, et fouettez jusqu'à ce que le beurre soit fondu et que la sauce soit onctueuse. Salez et poivrez selon votre goût.

4. Utilisez cette sauce pour accompagner votre pizza P.S.P

Suite de la recette

Préparation de la pizza:

5. Préchauffez votre four à la température la plus élevée possible (*généralement entre **250** et **300**°C*) Ou **400**° (*four à bois ou professionnel*).
6. Etalez la pâte à pizza sur une plaque.
7. Répartir la sauce poivre sur la pâte à pizza, en laissant une bordure pour les bords croustillants.
8. Ajoutez les dés de poulet rôti, les lamelles d'oignon, les lamelles de cèpes, l'emmental râpé.
9. Enfournez pendant **10** à **12** minutes, (four traditionnel) ou **2** minutes (four professionnel) ou jusqu'à ce que la croûte soit dorée et croustillante.
10. Avant de servir, saupoudrez de persillade.

Pour accompagner cette pizza P.S.P, un vin rouge corsé et épicé comme un Syrah ou un Pinot Noir serait parfait pour contrebalancer la puissance des poivres. Un vin rouge du Languedoc ou de la Vallée du Rhône serait également un bon choix. Il est important de servir le vin à température appropriée pour permettre aux arômes de s'exprimer pleinement.

"La pizza P.S.P est une explosion de saveurs en bouche. La sauce aux poivres, onctueuse et épicée, se marie à merveille avec les morceaux de poulet rôti tendres et juteux. Les oignons fondants apportent une touche de douceur tandis que les cèpes frais ajoutent une note de champignon délicate. Le tout est recouvert d'une fine couche d'emmental râpé et parsemé de persillade fraîche pour un fini herbacé et croquant."

Ingrédients :

- Pâte à pizza
- Crème fraîche
- **130**g de poulet rôti, coupé en dés
- **30**g de cèpes, coupés en morceaux
- **100**g d'emmental râpé
- Persillade
- Coût de fabrication ⬆

Préparation :

1. Préchauffez votre four à la température la plus élevée possible (*généralement entre **250** et **300**°C*) Ou **400**° (*four à bois ou professionnel*).
2. Etalez la pâte à pizza sur une plaque.
3. Etalez la crème fraîche sur la pâte à pizza en laissant une bordure pour les bords croustillants.
4. Ajoutez les morceaux de poulet rôti et les cèpes sur la pizza.
5. Parsemez l'emmental râpé et la persillade sur la pizza.
6. Enfournez pendant **10** à **12** minutes, (four traditionnel) ou **2** minutes (four professionnel) ou jusqu'à ce que la croûte soit dorée et croustillante.

La pizza "chiken" se mariera parfaitement avec un vin blanc sec aux arômes de fruits à noyaux comme un Chardonnay ou un Pinot Blanc. Ces vins ont une acidité équilibrée qui se marie bien avec les saveurs de la crème fraiche et des cèpes, tout en ayant suffisamment de corps pour accompagner les saveurs de la viande de poulet rôti et de la persillade. Si vous préférez un vin rouge, un Pinot Noir léger et fruité serait également un bon choix pour accompagner cette pizza.

"Cette pizza "chiken" est un délice pour les amoureux de la viande et des champignons. La crème fraîche apporte une touche onctueuse et légère, tandis que la persillade ajoute une note de fraîcheur et d'arôme."

Ingrédients:

- Pâte à pizza
- Crème fraîche
- **100**g de poulet rôti, coupé en dés
- **1/2** oignon émincé
- **2** cèpes, coupés en fines lamelles
- **2** morilles, coupées en morceaux
- **2** champignons de Paris émincé
- **1** tranche de foie gras,

coupées en morceaux

- **80**g d'emmental râpé
- Persillade
- Coût de fabrication ⇧

Préparation:

1. Préchauffez votre four à la température la plus élevée possible (*généralement entre **250** et **300**°C*) Ou **400**° (*four à bois ou professionnel*).
2. Etalez la pâte à pizza sur une plaque.
3. Etalez la crème fraîche sur la pâte à pizza en laissant une bordure pour les bords croustillants.
4. Répartissez les dés de poulet rôti, les oignons, les cèpes, les morilles, les champignons de Paris.
5. Parsemez d'emmental râpé et de persillade.
6. Enfournez pendant **10** à **12** minutes, (four traditionnel) ou **2** minutes (four professionnel) ou jusqu'à ce que la croûte soit dorée et croustillante.
7. Sortez la pizza et dispersez les morceaux de foie gras sur la pizza.

Il est conseillé de servir cette pizza avec un vin rouge corsé comme un Bordeaux ou un Côtes du Rhône pour accompagner les saveurs riches de cette pizza.

"La pizza suprême est un délice culinaire qui réunit les saveurs les plus nobles de la cuisine française. Le mariage parfait entre la crème fraiche, le poulet rôti, les oignons et les cèpes, apporte une touche de finesse à cette pizza. La présence de morilles et de champignons de Paris, ajoute une saveur boisée et délicate. Le clou de cette pizza est le foie gras, qui apporte une touche de raffinement et de luxe à l'ensemble. Le tout est réhaussé par une persillade fraîche qui apporte une touche d'acidité et de fraîcheur à cette pizza. C'est un véritable voyage des sens pour les papilles. »

Ingrédients:

- Pâte à pizza
- Crème fraiche
- **100**g magret de canard
- **1** oignon jaune
- **1** cuillère à soupe de sucre
- **1** cuillère à soupe de vinaigre de vin
- Sel et poivre
- Huile d'olive (environ 1/4 tasse)
- Miel liquide
- **2** figues fraîches
- **80**g d'emmental râpé
- Coût de fabrication ⬆

Le saviez-vous?

La figue est un fruit charnu, sucré et juteux, avec une saveur douce et légèrement acidulée. Elle a une texture tendre et fondante, et est souvent utilisée pour ses propriétés culinaires dans les desserts et les confitures. La figue possède également un arôme unique et subtil, qui se marie parfaitement avec les ingrédients savoureux tels que le magret de canard et le miel. Elle apporte une touche de douceur et de fraîcheur à la pizza, contrebalançant la saveur riche et savoureuse du magret de canard.

Préparation des oignons confits:

Si vous préférez ne pas faire vos oignons confits vous-même, vous pouvez les acheter tout prêts dans votre supermarché.

1. Épluchez l'oignon et coupez-le en fines rondelles.
2. Dans une casserole à fond épais, faites fondre le sucre à feu moyen jusqu'à ce qu'il devienne doré. Ajoutez les oignons et remuez pour les enrober de sucre.
3. Ajoutez le vinaigre, le sel et le poivre. Baissez le feu et laissez mijoter pendant environ 20 minutes, en remuant régulièrement, jusqu'à ce que les oignons soient tendres et bien caramélisés.
4. Ajoutez un peu d'huile d'olive pour les faire cuire encore 10 minutes.
5. Réservez les oignons confits et utilisez-les comme garniture pour votre pizza.

Suite de la recette ➡

"Les oignons confits ont une saveur douce et sucrée, avec des notes caramélisées provenant de la cuisson à feu doux dans de la graisse ou de l'huile et de l'ajout de sucre. Ils ont également une texture fondante et croquante à la fois. Les oignons confits peuvent également avoir des arômes de vin rouge ou de vinaigre si ces ingrédients ont été utilisés dans la cuisson. »

Préparation de la pizza Exquise:

1. Préchauffez votre four à la température la plus élevée possible (*généralement entre **250** et **300**°C*) Ou **400**° (*four à bois ou professionnel*).
2. Etalez la pâte à pizza sur une plaque.
3. Etalez la crème fraiche sur la pâte à pizza, en laissant une bordure pour les bords croustillants.
4. Disposez les tranches fines de magret de canard préalablement coupées.
5. Ajoutez les oignons confits et les figues coupées en fines tranches.
6. Versez un filet de miel sur le tout.
7. Parsemez d'emmental râpé sur le dessus de la pizza.
8. Enfournez pendant **10** à **12** minutes, (four traditionnel) ou **2** minutes (four professionnel) ou jusqu'à ce que la croûte soit dorée et croustillante.

La pizza Exquise avec son mariage de saveurs sucrées et salées, serait idéalement accompagnée d'un vin rouge corsé, comme un Bordeaux ou un Côtes du Rhône. Ces vins ont des arômes de fruits rouges et de cassis qui se marient bien avec les saveurs de la pizza. Il peut également être accompagné d'un vin doux comme un Sauternes qui a des arômes de miel et de fruits exotiques qui se marient bien avec les saveurs de la pizza.

La pizza "exquise" est un véritable délice pour les papilles. La base crémeuse et onctueuse de crème fraiche se marie parfaitement avec la finesse du magret de canard coupé en fines tranches. Les oignons confits ajoutent une touche de douceur et de caramélisation, tandis que les figues fraiches apportent une note fruitée et acidulée. Le tout est arrosé d'un filet de miel pour un équilibre parfait entre le sucré et le salé. Le tout est parsemé d'emmental râpé pour un croquant délicieux. Cette pizza est un véritable voyage culinaire à elle seule

Ingrédients :

- Pâte à pizza
- **1/2** oignon rouge émincé
- **1** tomate fraîche, coupées en dés
- **100**g de haddock cuit et émietté
- Crème fraîche
- **80**g d'emmental râpé
- Aneth fraîche
- **1/2** citron frais (Facultative)
- Coût de fabrication

Préparation :

1. Préchauffez votre four à la température la plus élevée possible (*généralement entre **250** et **300**°C*) Ou **400**° (*four à bois ou professionnel).*
2. Etalez votre pâte à pizza sur une plaque.
3. Répartissez la crème fraiche sur la pâte.
4. Dispersez les rondelles d'oignon rouge et les dés de tomate.
5. Parsemez généreusement d'emmental râpé.
6. Enfournez pendant environ 15 minutes jusqu'à ce que le fromage soit fondu et doré.
7. Enfournez pendant **10** à **12** minutes, (four traditionnel) ou **2** minutes (four professionnel) ou jusqu'à ce que la croûte soit dorée et croustillante.
8. Sortez la pizza du four et ajoutez le haddock émietté sur la pizza.
9. parsemez d'aneth fraîche et arrosez de jus de citron avant de servir

La pizza "Capitaine" s'accompagnerait bien d'un vin blanc sec et frais comme un Sauvignon Blanc ou un Chardonnay. Ces vins ont des arômes de citron et de pomme qui se marient bien avec le haddock et les oignons rouges. Ils ont également une acidité vive qui aidera à couper à travers la crème fraîche et l'emmental râpé. Une autre alternative pourrait être un vin blanc sec et minéral comme un Sancerre ou un Pouilly-Fumé, qui mettra en valeur les arômes de l'Annette et le citron frais.

La pizza "Capitaine" est un véritable délice en Bouche. La base crémeuse de la crème fraiche se marie parfaitement avec le croquant de l'oignon rouge et la fraîcheur de la tomate. Le haddock cuit à la perfection apporte une touche de saveur marine, tandis que l'emmental râpé fondant et l'Annette croquante ajoutent une touche de texture. Le tout est rehaussé par une touche acidulée grâce au citron frais qui apporte une sensation rafraîchissante. Cette pizza est un véritable régal pour les amateurs de poissons et de saveurs fines.

" La Basse-cour "

Ingrédients :

- Pâte à pizza
- Crème fraîche
- **40**g de morilles fraîches ou séchées (réhydratées si séchées)
- **100**g Magret de canard
- **80**g d'emmental râpé
- Ciboulette fraîche
- Coût de fabrication

Préparation :

1. Préchauffez votre four à la température la plus élevée possible (*généralement entre **250** et **300**°C*) Ou **400°** (*four à bois ou professionnel*).
2. Etalez la pâte à pizza sur une plaque.
3. Etalez la crème fraîche sur la pâte à pizza.
4. Ajoutez les morilles, les tranches de magret de canard et l'emmental râpé sur la pizza.
5. Enfournez pendant **10** à **12** minutes, (four traditionnel) ou **2** minutes (four professionnel) ou jusqu'à ce que la croûte soit dorée et croustillante.
6. Retirez du four et parsemez de ciboulette fraiche ciselée, servez immédiatement.

La pizza "La Basse-cours" accompagnée d'un vin rouge de Bordeaux serait un excellent choix. Le vin rouge de Bordeaux est corsé et tannique, il se mariera parfaitement avec les saveurs riches et intenses des morilles et du magret de canard. Il aidera également à adoucir la crème et à équilibrer les arômes de la ciboulette fraîche.

"La pizza "basse cours" est une véritable explosion de saveurs en bouche. La base crémeuse et onctueuse se marie parfaitement avec les morilles fraîches et savoureuses, qui apportent une touche de délicatesse à la pizza. Le magret de canard cuit à la perfection apporte une touche de saveur fumée et de tendreté à chaque bouchée. Le tout est recouvert d'une fine couche d'emmental râpé et de ciboulette fraîche, apportant une touche croquante et fraîche à la pizza. »

Ingrédients:

- Pâte à pizza
- Crème fraiche
- **1** pomme de terre cuite à l'eau
ou à la vapeur, coupée en fines tranches
- **1** oignon rouge, émincé
- **70**g Chorizo, coupé en fines rondelles
- **80**g d'emmental râpé
- Persillade
- Coût de fabrication

Préparation :

1. Préchauffez votre four à la température la plus élevée possible (*généralement entre **250** et **300**°C*) Ou **400°** (*four à bois ou professionnel*).
2. Etalez la pâte à pizza sur une plaque.
3. Etalez la crème fraîche sur la pâte à pizza.
4. Ajoutez les tranches de pomme de terre, les oignons émincés et les rondelles de chorizo.
5. Recouvrez de fromage râpé et parsemez de persillade.
6. Enfournez pendant **10** à **12** minutes, (four traditionnel) ou **2** minutes (four professionnel) ou jusqu'à ce que la croûte soit dorée et croustillante.

Pour accompagner la pizza catalane, un vin rouge de la région Languedoc-Roussillon comme un Corbières ou un Minervois serait un bon choix. Ces vins rouges sont élaborés à partir de cépages tels que le Carignan, le Grenache ou le Syrah et ont des arômes de fruits rouges, de réglisse et d'épices, qui se marieraient bien avec les ingrédients de la pizza. Il est également possible de servir un vin rouge de la région de Roussillon tel qu'un Côtes du Roussillon Villages, qui est élaboré à partir de cépages tels que le Grenache, la Carignan et le Syrah et qui a des arômes de fruits rouges, de réglisse et de épices qui se marieraient bien avec les ingrédients de la pizza.

La pizza Catalane est une explosion de saveur pour votre palais. La base crémeuse et onctueuse se marie parfaitement avec les morceaux de pommes de terre douces et fondantes, qui ont été préalablement cuites à l'eau ou à la vapeur. L'oignon rouge et le chorizo espagnol ajoutent une touche de saveur épicée et de piquant, tandis que l'emmental râpé et la persillade apportent une touche de fraîcheur et d'arôme. Le tout peut être arrosé d'un filet d'huile d'olive pour un goût encore plus délicieux.

" L'Atlantique "

Ingrédients :

- Pâte à pizza
- **80**g de saumon fumé
- **50**g noix de saint-jacques
- **1/2** oignon rouge
- **80**g d'emmental râpé
- Persillade
- Crème fraiche
- Coût de fabrication

Préparation :

1. Préchauffez votre four à la température la plus élevée possible (*généralement entre **250** et **300**°C*) Ou **400°** (*four à bois ou professionnel*).
2. Etalez la pâte à pizza sur une plaque.
3. Etalez la crème fraiche sur la pâte.
4. Coupez les noix de Saint-Jacques en deux.
5. Coupez l'oignon rouge en fines lamelles.
6. Disposez les noix de Saint-Jacques et les oignons sur la pizza.
7. Coupez le saumon fumé en fines tranches et disposez-les sur la pizza.
8. Parsemez d'emmental râpé et de persillade.
9. Enfournez pendant **10** à **12** minutes, (four traditionnel) ou **2** minutes (four professionnel) ou jusqu'à ce que la croûte soit dorée et croustillante.

La pizza Atlantique est un plat savoureux qui se marie parfaitement avec un vin blanc sec et frais de la région de Loire comme un Muscadet Sèvre et Maine. Le Muscadet avec ses arômes de fruits à noyau et de fleurs blanches s'harmonisera parfaitement avec les saveurs délicates du saumon fumé et des noix de Saint-Jacques. Il accompagnera également les notes d'oignon et de persillade pour une expérience gustative complète.

"Cette pizza Atlantique est un véritable délice pour les amateurs de fruits de mer et de poissons. Le saumon fumé, les noix de Saint-Jacques, et l'oignon rouge apportent des saveurs intenses à la pizza, tandis que la crème fraiche ajoute une touche de fraîcheur et de légèreté. La persillade et l'emmental râpé apportent une touche de saveur supplémentaire pour une pizza savoureuse et équilibrée."

Ingrédients :

- Pâte à pizza
- Crème fraîche
- **40**g de mozzarella
- **40**g de buche de chèvre
- **30**g de roquefort
- **60**g de gorgonzola
- **80**g d'emmental râpé
- **20**g de cerneaux de noix
- **2** tranches de jambon cru
- Coût de fabrication ⇧

Préparation :

1. Préchauffez votre four à la température la plus élevée possible (*généralement entre **250** et **300**°C*) Ou **400**° (*four à bois ou professionnel*).
2. Etalez votre pâte à pizza sur une plaque.
3. Etalez une fine couche de crème fraîche sur votre pâte à pizza.
4. Coupez les différents fromages en morceaux et déposez-les sur la pâte.
5. Ajoutez les cerneaux de noix.
6. Enfournez pendant **10** à **12** minutes, (four traditionnel) ou **2** minutes (four professionnel) ou jusqu'à ce que la croûte soit dorée et croustillante.
7. Sortez la pizza du four et ajoutez le jambon cru en fines tranches.
8. Servez chaud accompagné de salade verte.

Il est recommandé d'accompagner la pizza fromagère avec un vin blanc sec et corsé comme un Chardonnay ou un Sauvignon Blanc pour contrebalancer la forte saveur des fromages utilisés dans cette recette. Un vin rouge puissant pourrait également être un bon choix pour accompagner cette pizza, en particulier un Pinot Noir ou un Côtes du Rhône. Il est important de choisir un vin qui peut soutenir la complexité des différents fromages utilisés dans cette recette.

"La pizza fromagère est un véritable festin pour les amoureux des fromages. La base crème fraîche apporte une onctuosité parfaite pour accueillir la mozzarella fondante, la buche de chèvre crémeuse, le roquefort intense et le gorgonzola au goût prononcé. Pour renforcer le tout, l'emmental râpé est accompagné de cerneaux de noix qui apportent une petite note de croquant. Enfin, pour une touche de saveur supplémentaire, des tranches de jambon cru sont ajoutées à la sortie du four pour un mariage parfait entre le sucré et le salé. Cette pizza est un véritable délice pour les papilles. »

" La Duchesse "

Ingrédients :

- Pâte à pizza
- **100**g de magret de canard
- **30**g de cèpes frais ou séchés
- **30**g de morille
- **30**g de foie gras cuit
- **80**g d'emmental râpé
- Persillade
- Crème fraîche
- Coût de fabrication

Préparation :

1. Préchauffez votre four à la température la plus élevée possible (*généralement entre **250** et **300**°C*) Ou **400**° (*four à bois ou professionnel*).
2. Etalez votre pâte à pizza sur une plaque.
3. Etalez une couche de crème fraîche sur la pâte.
4. Coupez le magret de canard en fines tranches et disposez-les sur la pizza.
5. Ajoutez les cèpes et les morilles coupées.
6. Parsemez l'emmental râpé sur la pizza.
7. Ajoutez la persillade.
8. Enfournez pendant **10** à **12** minutes, (four traditionnel) ou **2** minutes (four professionnel) ou jusqu'à ce que la croûte soit dorée et croustillante.
9. Sortez la pizza du four et disposez les morceaux de foie gras, préalablement coupés, sur le dessus de celle-ci.

Côté vin, pour accompagner cette pizza, on pourrait opter pour un vin rouge de Bordeaux tel que le Pomerol ou un Saint-Emilion Grand Cru, qui apportera des tanins et une belle complexité pour accompagner les saveurs de la pizza. Ce vin d'origine française sera un bon accompagnement pour cette pizza.

"La Pizza Duchesse est un véritable bonheur en bouche. La base crémeuse se marie à merveille avec les saveurs intenses et riches du magret de canard, des cèpes et des morilles. Le foie gras ajoute une touche de luxe à chaque bouchée, tandis que l'emmental râpé et la persillade apportent une note croquante et fraîche. Cette pizza est un vrai régal pour les amateurs de saveurs fortes et de gastronomie raffinée."

La fin de l'année 2022 marque la fin d'une étape pour moi, propriétaire de la pizzeria "Pizz'a Joker". Malgré l'arrêt forcé de mon activité, j'ai décidé de me consacrer à un nouveau projet : l'écriture de ce livre. J'espère que vous avez pris autant de plaisir à le lire qu'à tester les différentes recettes que je vous ai proposées. Vous pouvez retrouver la recette de la pâte à pizza et de la sauce tomate en vidéo sur notre chaîne YouTube "Le Bric à Brac de Nini et Seb" et nous retrouver également sur Facebook au même nom que la chaîne. N'hésitez pas à venir nous laisser un commentaire pour dire ce que vous avez pensé de ce livre et de ces recettes.

Je tiens à remercier toute ma famille, ma femme ***Stéphanie***, mes enfants ***Ethan, Mattéo, Emma***, mon papa ***Didier***, ma maman ***Rachel*** et leurs conjoints respectifs ***Florence*** et ***Régis*** , mon frère ***Kevin*** et ma belle soeur ***Roxanne,*** ma soeur ***Enola***, mes oncles et tantes ***Olivier*** et **Sandrine**, **Jacques** et **Agnès**, ma belle-soeur ***Cassandra*** et mes beaux-parents ***Cécile*** et ***Fred*** qui ont notamment travaillé pour moi et aidé au développement de Pizz'a Joker, mes grands-parents ***Mireille*** et ***Raymond***, mes amis ***Vincent*** et ***Noémie***, ***David*** et **Céline**, ***Jordan*** et ***Léa***, ***Dimitri*** et ***Agnès***, ***Daniel et Karen*** et tous mes clients qui m'ont soutenu et porté jusqu'à là où j'en suis arrivé aujourd'hui, pour leur fidélité à mon camion de pizza durant toutes ces années. Je m'excuse auprès d'eux d'avoir dû arrêter précipitamment mon activité à cause de ma santé, sans même avoir pu leur dire au revoir. Je pense à mes clients les plus fidèles comme : ***Charlène*** et ***Greg.D***, ***Guillaume.C*** et sa femme, ***Emmanuelle.D, Brigitte*** alias la voisine de Soyans, ***Emilie***, ***Sylvain.V*** et sa petite famille, la famille ***Amaudry***, ***L'équipe des jeunes Grânois Coco.P, Coco.A, Thibaut.P, Jean Yves, Teddy, Loic, Elise*** etc... , ***Michel.N*** et sa femme ***Line***, ***Nico.C*** et sa femme ***Mel***, ***L'équipe de Badminton d'Allex***, ***L'équipe de pongistes de Piègros-la-Clastre***, Madame ***Roche, Nathalie.C*** et son mari, ***Job***, etc... Désolé pour ceux dont je n'ai pas cité le nom, vous étiez tellement nombreux à être fidèles à mon camion de pizza.

Une page se tourne, un nouveau livre s'ouvre, mais vous serez toujours dans mon cœur.

" l'échec n'existe que si on abandonne avant même de réussir "

C'est à bord de ce
magnifique camion
pizza que j'ai
terminé mon
aventure.

Printed by Amazon Italia Logistica S.r.l.
Torrazza Piemonte (TO), Italy

58269521R00045